INHALT

Lost & Dark Places
Schleswig-Holstein

Die verfallene Villa am See lässt Unheimliches vermuten (Kapitel 13).

Dietrich von Horn

Lost & Dark Places
SCHLESWIG-HOLSTEIN

33 vergessene, verlassene und unheimliche Orte

BRUCKMANN

↑ Betonreste im Wald, die eine Geschichte zu erzählen haben (Kapitel 24)
↓ Ehemals wichtige Gleise werden von der Natur vereinnahmt (Kapitel 2).
↘ Verfall eines Hotels (Kapitel 18)

↑ Überlebensgroß und doch kaum zu sehen (Kapitel 28)
↗ Die Pyramiden vom Peverlingsee (Kapitel 26)

VORWORT

Dieses Buch war eine besondere Herausforderung für mich, denn es sollte nicht die beliebtesten und altbekannten Ausflugsziele im schönen Schleswig-Holstein zeigen, sondern »Lost & Dark Places«, die dunklen, unheimlichen oder vergessenen Orte des Landes. Unter »Lost & Dark Places« sah ich in meiner Vorstellung in erster Linie verfallene Villen, leer stehende Kliniken oder Militärgebäude, deren Zutritt entweder verboten oder gefährlich ist. Da es nicht mein Bestreben war, wegen Hausfriedensbruch angezeigt zu werden, konnte ich mir zunächst nur schwer vorstellen, was es in Schleswig-Holstein sonst noch an solchen Plätzen geben sollte. Der Untertitel »Vergessene, verlassene und unheimliche« Orte half mir dabei, meine Vorstellung über »Lost & Dark Places« zu erweitern. So begab ich mich mit meiner Frau auf die Suche nach diesen verlassenen und dunklen Orten im Lande, auf eine Reise von etwa 4000 Kilometern, was einer Länge vom Nordkap bis nach Gibraltar entspricht. Insgesamt liegt nun eine spannende und aufregende Zeit hinter uns. Ich habe so viel Neues über mein Land erfahren. Deshalb will ich Sie an dieser Reise teilhaben lassen und mit Ihnen abenteuerliche Pfade betreten.

Hat Obelix hier die Steine zusammengetragen und sich auf dieser Bank von den Strapazen erholt? (Kapitel 20)

Es ist eben nicht alles glatt, friedlich und schön. Von besonderem Interesse war es mir zu erkunden, was hinter den jeweiligen aufgesuchten Orten für eine Geschichte steht. So führte uns die Reise unter anderem nach Gut Roest bei Kappeln, wo es im ausgehenden Mittelalter Hexenverbrennungen gegeben hat, oder zum Grab des Reichsgrafen von Rantzau, der im 18. Jahrhundert unter mysteriösen Umständen ermordet wurde. Die Recherche an den Geschichten war nicht immer einfach, aber wer strebend sich bemüht, wird auch zum Ziel kommen. 33 Geschichten sind so entstanden, die sich über das ganze Land erstrecken. Das Buch soll Inspiration sein, einmal einen »Walk on the Wild Side« zu wagen. Dies ist auch der Ort, sich bei den Menschen zu bedanken, die viele Tipps gegeben und das Projekt durch ihre Ermutigung und Unterstützung vorangebracht haben. Hier gilt besonderer Dank meiner Frau Regina, die mich beim Durchwandern der psychischen »Lost & Dark-Täler« durch ihre unermüdliche positive Herangehensweise bestärkt hat, weiterzumachen.

Es bleibt nur noch, Ihnen viel Spaß zu wünschen und die Hoffnung zu haben, dass Sie viele neue Entdeckungen machen. Suchen Sie einmal Orte in Schleswig-Holstein auf, die Sie normalerweise nicht besucht hätten und die Sie dann vielleicht in einem anderen Licht sehen. Und wenn Ihnen gelegentlich ein Schauer über den Rücken läuft, ist das ganz in meinem Sinne. *Dietrich von Horn*

Wassertreten findet hier nicht mehr statt (Kapitel 26).

VERHALTENSREGELN IM LOST PLACE

1. Behandeln Sie die Orte mit Respekt

Jedes Bauwerk und jedes Gebäude erzählt eine Geschichte aus vergangenen Tagen. Dies gilt es zu schützen. Und auch wenn es teilweise nicht so aussieht, aber jeder dieser Lost Places hat einen Eigentümer. Das sollte respektiert werden. Das beinhaltet vor allem, dass nichts zerstört oder gewaltsam geöffnet wird. Sind Fenster oder Türen verschlossen, sollte das auch so bleiben. Gehen Sie respektvoll mit dem Ort um.

2. Nehmen Sie nichts mit, lassen Sie nichts da

Wenn Sie etwas von einem Lost Place mitnehmen, und sei es noch so klein, ist es Diebstahl. Wie bereits in Punkt 1 gesagt, alle diese Orte haben einen Eigentümer. Daher gilt die Regel: Alles bleibt, wie es ist. Belassen Sie es bei den schönen Einblicken und Fotos, die Sie an dem Ort machen. Gleiches gilt auch umgekehrt: Lassen Sie nichts liegen. Keine Essensreste, keine Kaugummis, keine Kippenstummel.

3. Rauchen verboten

Das bringt uns zum nächsten Punkt: Rauchen verboten. Zollen Sie dem ehrwürdigen Ort Respekt und verzichten Sie für die Zeit, die Sie da sind, auf das Rauchen. Kippenstummel brauchen nicht nur 15 Jahre zum Verrotten (sie sollten übrigens nirgends achtlos weggeworfen werden), sondern können schnell ein Feuer verursachen.

4. Keine Graffiti

Dass Sie nichts hinterlassen sollen, gilt auch für Kunstwerke an den Wänden. Man sprüht einfach nicht auf fremdes Eigentum, sei es noch so schön. Lassen Sie die Wände, wie sie sind, sodass auch noch Menschen nach Ihnen den Ort so erleben können, wie er früher einmal war.

5. Seien Sie vorsichtig

Vorsicht ist besser als Nachsicht. Das gilt vor allem bei Lost Places. Marodes Holz, verrostete Geländer, einsturzgefährdete Decken, lockere Böden (teilweise befinden sich noch Kellergeschosse darunter), eingeschlagene

Vorsicht! Explosiv! Heute kann man gefahrlos daran vorbeigehen (Kapitel 24).

Seeschlachten können auch vom Land aus gewonnen werden (Kapitel 4).

Fenster – die Liste der Gefahren solcher Orte ist lang. Seien Sie daher immer wachsam. Begeben Sie sich niemals in Gefahr für das eine Foto. Das ist es nicht wert. Treppen und obere Etagen sind eine gängige Gefahrenquelle. Schauen Sie sich den Zustand der Treppe und der Decke genau an. Nehmen Sie auch eine Taschenlampe für dunkle Räume und Keller mit.

6. Gehen Sie nicht allein

Es ist ratsam, immer mindestens zu zweit, besser noch zu dritt einen Lost Place zu besuchen. Da gilt die alte Regel: Ist eine Person verletzt, bleibt die Zweite vor Ort und die Dritte holt Hilfe. Zudem weiß man nie, wen man vor Ort trifft. Plünderer, Spinner und betrunkene Jugendliche sind auch oft in Lost Places anzutreffen. Da ist es beruhigender, nicht allein unterwegs zu sein.

7. Erregen Sie kein Aufsehen

Da die Lost Places in Privatbesitz sind, gilt auch hier »Betreten verboten«. Auch, wenn das Tor angelweit offen steht oder ein riesiges Loch im Zaun ist. Ebenso ist es ratsam, sein Auto nicht direkt vor dem Gelände zu parken. Schauen Sie beim Betreten des Geländes auch immer, dass niemand Sie sieht. So vermeiden Sie unerwünschte Begegnungen und mögliche Konfrontationen mit der Polizei.

Ausrüstung

Wir empfehlen Folgendes:

- Festes Schuhwerk, hohe Socken (Schutz vor Zecken)
- Reißfeste Kleidung, ggf. leichte Regenjacke
- Kamera inkl. Zusatzakku, Speicherkarten, Stativ
- Proviant und Getränke (nehmen Sie aber alles wieder mit)
- Kopf- oder Stirnlampe für freie Hände
- Taschenlampe mit weitem Winkel für Keller und dunkle Räume
- Taschenmesser
- Aufgeladenes Handy (ggf. Powerbank)
- Notizblock und Stift
- Pflaster und Taschentücher für Verletzungen
- Mücken- und Zeckenspray

Eine flügellose Mühle ist wie ein Zahnrad ohne Zähne (Kapitel 32).

Das Geisterhaus vom Dieksee
(Kapitel 13)

1

DIE KAPELLE VON MÖNKEBERG

Von allen guten Geistern verlassen

Auf einer Anhöhe in Mönkeberg bei Kiel steht eine alte, unheimliche Kapelle in einem kleinen Waldstück. Wer Gänsehautfeeling liebt, ist hier genau richtig.

Lindenhof, Kreis Plön **Ort** Dorfstraße, 24248 Mönkeberg **GPS** 54.3471660, 10.1976147 **Anfahrt** Von Kiel kommend auf die B502 in Richtung Laboe abbiegen nach Mönkeberg, bis zur Dorfstraße, ca. 50 Meter vor dem Haus Nr. 27 rechts dem schmalen Weg folgen

Die Kapelle auf der Anhöhe

DER ALTE ADMIRAL Mönkeberg liegt an der Kieler Außenförde und ist ein beliebter Badeort für Kiel und Umgebung. Aber nur wenige wissen, dass der weltweit gereiste Admiral Stubenrauch hier mit seiner Familie auf seinem Gut Lindenhof mit eigener Kapelle gelebt hat. Heute ist das Gutsgelände dem Verfall preisgegeben. Wer hier ahnungslos einen Waldspaziergang macht, kann sich der düsteren Aura des Ortes nicht entziehen. Um an diesen geheimnisvollen Ort zu kommen, bedarf es etwas Spürsinn, denn kein Schild sagt einem, wo man lang muss. Über einen schmalen, kaum zu erkennenden ansteigenden Pfad zum Wald ist man auf dem richtigen Weg. Zunächst taucht rechter Hand unvermittelt das Haus des ehemaligen Admirals auf. Es ist eher bescheiden, wirkt grau und verloren, ein Geisterhaus. Es ist verriegelt und verrammelt, die Fenster sind zugemauert. Eine Steintreppe führt zum Haus, aber keine Tür ist zu öffnen. An einer Stelle fehlen Dachpfannen, Buschwerk rankt aus dem Loch heraus. An den Mauern wächst hohes Unkraut, hier lebt offensichtlich schon lange niemand mehr. Aber wo ist die Kapelle? Beim Weitergehen tauchen immer wieder Gebäudereste aus dem Waldboden auf.

GOTTVERLASSEN Plötzlich ist auf einer Anhöhe zwischen großen Buchen die Kapelle zu sehen. Das Kreuz am Eingang und das Gemäuer aus Granitsteinen sind noch sehr gut erhalten. Das Blechdach ist wohl neueren Datums. Es sorgt dafür, dass es nicht reinregnen kann, an den Außenwänden sind Sprayer aktiv gewesen. Stabile Träger im Inneren stützen das Dach. Die spitzbogigen Öffnungen für die Fenster und die Tür sind leer, nicht mal Reste von Einfassungen sind zu erkennen. Auch an den Innenwänden dominieren Graffiti. Schwer vorstellbar ist, dass hier einmal kirchliche Rituale

Ausblick aus der Kapelle

vollzogen wurden. Es gibt keine Erinnerungen an den ehemaligen Besitzer Admiral Stubenrauch oder Angehörige.

WER WAR STUBENRAUCH? Sein Leben war recht abenteuerlich. Er wurde 1867 in Pommern geboren. Es zog ihn zur Preußischen Marine. Mit ihr machte er Fahrten bis zu den Bahamas, nach Kuba oder Jamaika. 1885 bis 1886 war er Kommandant eines Ka-

Kapelle des Admirals auf der Anhöhe

↑ Portal zur Kapelle
↗ Abstieg von der Kapelle

nonenbootes, das zum Westafrikanischen Geschwader gehörte. Dort hatte er die Aufgabe, die Küste mit den Flüssen von Kamerun zu kartieren. Es brach eine Malaria-Epidemie aus, die ihn veranlasste, mit seinem Schiff nach St. Helena auszuweichen, um sich dort von den Strapazen der Krankheit zu erholen. 1898 erhielt er das Kommando über den Großen Kreuzer »Kaiser«, der zu der Ostasienstaffel in Tsingtau gehörte. Sein Schiff lief in China auf ein Riff und musste in Hongkong repariert werden. Er vertrat das Deutsche Reich bei den Krönungsfeierlichkeiten für Königin Wilhelmina von den Niederlanden in Batavia, dem damaligen Niederländisch-Indien. Wilhelmina war bereits mit zehn Jahren von 1890 an Königin der Niederlande. Sie wurde 1898 für volljährig erklärt und somit wirkliche Regentin des Landes. Stubenrauch kehrte 1899 nach Kiel zurück und wurde vom Dienst freigestellt. Bis 1907 übernahm er den Posten als Marinekommissar des Kaiser-Wilhelm-Kanals. Dieser war 1895 als Nord-Ostsee-Kanal eröffnet und einen Tag später in »Kaiser-Wilhelm-Kanal« umbenannt worden. Er war mit Auguste Caroline Mathilde Hensen verheiratet, und sie hatten drei gemeinsame Töchter. Bis zu seinem Tod 1931 engagierte er sich im sozialen Bereich in seiner Gemeinde. Bis 1985 war Gut Lindenhof im Besitz der Familie, die dann das Gut an die Gemeinde Mönkeberg verkaufte.

HIRNGESPINSTE? Es ranken sich Gerüchte und mystische Geschichten um das Gut. So wird von unheimlichen Hunden erzählt, die Spaziergänger angegriffen haben sollen und sich dann in Luft auflösten. Auch eine geheimnisvolle weiße, melancholisch blickende Frau soll hier einmal erschienen sein und die Kapelle betreten haben. Sie trug ein langes, seidenes, weißes Gewand. Ihre langen blonden Haare wurden vom Nachtwind bewegt und umspielten ihr ebenmäßiges Gesicht. Sie soll über den Boden geschwebt sein und hielt eine flackernde Kerze in ihrer rechten Hand. Mit der linken versuchte sie das Licht vor dem Erlöschen zu schützen. Beim Anblick des Zustands der Kapelle weinte sie bitterlich. Sie stellte die Kerze auf den Boden, dann wandte sie sich verzweifelt ab, verließ den Ort und wurde danach nie wieder gesehen. Das muss natürlich nicht stimmen, gehört es doch wohl eher in den Bereich der Sagen, der unbewiesenen Tatsachen. Aber wie erklärt sich, dass man dort am nächsten Tag eine große weiße Kerze fand, die noch brannte? Einige Leute erzählen, man könne, ab und zu, wenn man ganz intensiv lauscht, die weiße Frau in der Nacht noch weinen hören. Steht man in diesem Kapellenraum und schließt die Augen, kann es durchaus sein, dass man einen kalten Windhauch verspürt und danach Schritte hört, die sich von dort wegbewegen. Im angrenzenden feuchten Boden kann man die Fußspuren sehen. Ein Hauch von Gänsehaut macht sich breit. Dann ist da vielleicht doch mehr dran? Man weiß es eben nicht.

Das besondere Erlebnis

Wer es selbst erfahren will, plant einen Nachtspaziergang über das Gelände ein. Unbedingt eine Taschenlampe mitnehmen, noch besser eignet sich eine Fackel, um die Geister im Feuerschein erleben zu können. Besondere Vorsicht ist neben der Kapelle geboten, da hier ein Abhang steil nach unten führt.

Graffiti im Innenraum der Kapelle

Das ehemalige Bahnhofsgebäude von Blumendorf

2

DER BLUMENDORFER BAHNHOF

Gleise ins Nichts

Von der Vergänglichkeit der Dinge und vom Zauber des Neubeginns.

Blumendorf bei Bad Oldesloe, Kreis Stormarn **Ort** 23843 Blumendorf **GPS** 53.7953802, 10.3241504 **Anfahrt** Mit dem Auto auf der A21 von Hamburg kommend, Ausfahrt Bad Oldesloe Süd auf die B75, auf Höhe vom Herrenhaus Gut Blumendorf kurz vor dem Bahnübergang links abbiegen

VORSICHT AN DER BAHNSTEIGKANTE An der Einfahrt zum ehemaligen Bahnhof Blumendorf soll mal eine Mautstation aus dem 19. Jahrhundert gestanden haben. Mit Hilfe der eingenommenen Gelder baute beziehungsweise unterhielt der dänische König, der damals hier das Sagen hatte, seine Straßen. Heute deutet nichts mehr darauf hin. Das Bahnhofsgebäude dient jetzt als Wohnhaus. Die alten Bahngleise sind hier noch vorhanden. Seitab, etwa 100 Meter entfernt, steht eine aus Ziegelstein und Betonplatten gebaute Rampe, die einmal für den Güterverkehr genutzt wurde. Im Frühling macht sich ein kleiner Urwald vor den Augen auf. Unter all den Büschen und weiterem grünen Gewusel ist der Verlauf der Gleise an manchen Stellen nur noch schwer zu erkennen. Goldgelber Löwenzahn, weiße Buschwindröschen, violette Kuhschelle, gelbes Scharbockskraut machen sich hier nun breit. Die morschen Bahnschwellen liegen noch im Kiesschotterbett, aber auch hier wuchert nun Gras und fordert seinen Platz. Ein auf die Gleise gefallener Baum macht auch dem Letzten klar – hier läuft nichts mehr. Ein Hindernis am Ende eines Gleises, ein Prellbock, beendet das letzte noch vorhandene Gleis. Wo einmal Menschen die Züge nutzten, hat jetzt die Natur zugegriffen, denn hier steigt niemand mehr ein oder aus. Der 12-Uhr-Mittagszug kommt nicht mehr.

WIE KONNTE ES DAZU KOMMEN? In der idyllischen Kreisstadt Bad Oldesloe wurde 1907 die Kleinbahntrasse der EBOE (Elmshorn-Barmstedt-Oldesloer Eisenbahn) als Verlängerung der Bahnstrecke Elmshorn–Barmstedt, die bereits seit 1896 existierte, eröffnet. Bis Ende des Zweiten Weltkriegs hatte die Bahn eine bedeutende Funktion, sowohl im Personen- als auch im Güterverkehr. Während der Kriege wurden hier Flüchtlinge und Truppen zwischen Mecklenburg und der Elbmarsch transportiert. Nach 1945 begann die Bahn auf dieser Strecke zu kränkeln. Sie litt unter Schwindsucht, denn sie war mehr und mehr nur noch von regionaler Bedeutung, vorwiegend von Schülern und ein paar Berufspendlern genutzt. Auch der Güterverkehr, meistens für landwirtschaftliche Produkte gebraucht, machte wirtschaftlich keinen Sinn mehr. Busse und Lastfahrzeuge übernahmen die Aufgabe. 1973 wurde die Bahnstrecke stillgelegt, die Gleise größtenteils demontiert und ab 1990 zum Radwanderweg umgebaut.

Das besondere Erlebnis

Von hier ab beginnt nun das Neue – der ausgebaute Radfahrweg nach Henstedt-Ulzburg, gleichzeitig auch Europas längster Obst- und Gehölzpfad. Der gut zu befahrende Kiesweg hat kaum Steigungen. Auch Ungeübte können diese Herausforderung bewältigen. Macht man sich mit dem Rad auf den Weg, muss man gleich wieder aus dem Sattel, denn am Wegesrand sind Apfel-, Birnen-, Kirsch- und Zwetschgenbäume gepflanzt, seltene, alte Sorten. Ein Schild mit fast verblichener Schrift klärt über Herkunft, Frucht und Baum auf. Einige Schilder sind gänzlich verblichen. Fährt man weiter, sind allein auf der circa 4 Kilometer langen Strecke bis Grabau 40 Obstbäume zu finden. Im Herbst kann man ja wiederkommen und sich davon überzeugen, ob die blumige Sprache der Schilder der Realität standhält.
Wer den gesamten Radwanderweg abfahren möchte, findet eine genaue Beschreibung in der Komoot-App. Hier gibt es auch alte Fotos auf den Hinweistafeln an der Wegstrecke, deren Texte weitere interessante Details zur ehemaligen Bahntrasse ausführen.

3

DAS NIENWOHLDER MOOR

Wenn sich der Nebel übers Moor legt

Wer Spaß an solchen Orten hat, dem ist das Nienwohlder Moor anzuraten, ein zauberhafter, mystischer Ort in der Moornatur, gelegen an der Wasserscheide zwischen Nord- und Ostsee, ein Wunderwerk der Natur.

Nienwohlder Moor, Kreis Stormarn **Ort** Moorweg, 23863 Nienwohld **GPS** 53.7838096, 10.1837320 **Anfahrt** Mit dem Auto von der A1 von Hamburg kommend, Abfahrt Bargteheide, über Bargteheide nach Elmenhorst. In Elmenhorst links abbiegen nach Bargfeld-Stegen, dort weiter Richtung Nienwohld. Am Ortseingang nach links in den Moorweg. Von dort zu Fuß weiter zum Moor

Vorsicht! Hier könnte es Moorgeister geben.

Haben sich die Hexen hier einen Weg über den Moorsee gebaut?

MULCHIGE, TIEFSCHWARZE ERDE Eine schwarze Eule rollt auf einem fünfeckigen, gelben Blechschild drohend mit ihren Augen, als wollte sie noch mal ausdrücklich darauf hinweisen, wo man sich befindet: im Naturschutzgebiet! Hinweisschilder warnen vor Zeckenbissen. »Schutt abladen verboten!« steht auf einem Schild. Es gibt vier Wege, um in das Moorgebiet zu gelangen. Drei davon führen direkt zu einem dunklen Sumpfsee, der zum Teil mit Entenflott bedeckt ist. Riesige, abgeknickte Birken sind dort hineingefallen und spiegeln sich in grünschwarzem Wasser. Blasen steigen aus der Tiefe des Sees auf. Der schmale Tretpfad lässt einen Weg erahnen. Gibt es hier Trolle, Feen, moorgeisternde Lichter und schleimige Molche? Ist dort nicht der Ort, an dem die Hexen zusammenkommen und ihr Gebräu aus Schwarztorf, Moorschleim, windzerzausten Entenfedern, vermoderten verkrüppelten Birkenstrünken und den Hirnresten einer Kröte zu einem geheimen Trunk zusammenmixen? Eine Eule schreit. Das Wasser gluckst. Ein Ast zerknackt. Schilfrohr knistert, vom Winde behaucht. Plötzlich flattert eine Schar von Graugänsen auf. Es schaudert einen wonnevoll. Ja, hier wohnen wirklich Geister. Hier ist der Ort, wo Menschen verschwinden, versunken in den unheimlichen Tiefen des aufgeweichten Bodens. Ist das da ein skelettierter Arm oder nur ein verdorrter Ast? Gefunden hat man bis jetzt nur einen gewaltigen Auerochsenkopf. Wer nach Gänsehaut sucht, sollte hier bei dunkelgrauem Wetter wandern, wenn die kalten Nebelschwaden von der Dorfstraße rüberwabern und sich drohend über das Moor legen. Am Wegrand sind kleine Erdhaufen aufgeworfen. Beim Anblick der tiefschwarzen, wasserdurchtränkten Erde kann man Mitleid bekommen mit dem Maulwurf, muss er doch im kalten, nassen Boden leben. Er hat zwar ein dickes, kuscheliges, dunkelgraubraunes Fell, aber ein mitfühlender Geist hat auch Ängste um seine Gesundheit – er könnte sich doch schnell mal erkälten. Außerdem kann man auf einem gut begehbaren Weg das Moor umrunden, ungefähr eine Strecke von 10 Kilometern. Ein schmaler Bach trennt den Wanderweg vom Moorgelände. Gut so, denn zu verlockend ist es, sich direkt in das Innere des Moores zu begeben. Ein schmales Brett ist über den Wasserlauf gelegt, gerade so, als wollte es sagen: »Na komm, wird schon nichts passieren.« Diese unheimliche Ruhe, nur der Kuckuck, der in der Ferne ruft, zieht magisch an. Wer sich traut, kann hinüberbalancieren, direkt ins Moor. Aber wer wagt das?

Mit so einer Lore wurde bis in die 1970er-Jahre Torf im Nienwohlder Moor verladen.

TORFABBAU Bis weit in die 1970er-Jahre des letzten Jahrhunderts wurde hier gewerblich Torf abgebaut. Mit Loren, die auf Schienen fuhren, wurde der Torf verladen. Eine kleine Diesellok holte das kostbare Gut aus dem Moor heraus. Die Verladestation der Torfbahn war am Ende der Straße Alter Torfredder. Dort wurden die Torfsoden auf die Lastwagen geladen und zur Torffabrik nach Glashütte gebracht. Strafgefangene aus der Vollzugsanstalt Neumünster sollten hier untergebracht werden. Für sie wurde ein Gefängnis errichtet. Man wollte sie für Abtorfarbeiten einsetzen. Der Bedarf nach Torf nahm aber ab und der Naturschutz bekam eine größere Bedeutung. Die Ansiedlung von Inhaftierten war nicht mehr nötig. Und da ein Gefängnis ohne Insassen sinnlos ist, wurde es verkauft. Es ist heute ein Privathaus.

NATURSCHUTZGEBIET Hier dürfen Wege grundsätzlich nicht verlassen, der Lebensraum von Pflanzen und Tieren muss respektiert werden. Das Nienwohlder Moor gehört zu den bedeutendsten Hochmooren in Schleswig-Holstein. Hochmoore, oder besser Regenmoore, wachsen durch Torfbildung und können sich mehrere Meter aus dem Umfeld herausheben, sie leben ausschließlich vom Regenwasser. Hier wachsen Wollgras, Sonnentau, Torfmoose, Besenheide, alle Arten von Unterholz, sowie an den Rändern Birken und Weiden. Auch Insekten, Schmetterlinge, Enten, Singvögel, Kraniche, Rehe, Hasen haben hier einen Rückzugsort gefunden. Naturschutzverbände fordern in letzter Zeit zudem verstärkt, das Trockenlegen von Moorflächen zu verbieten. Moore sind CO_2-Speicher, sie binden mehr Kohlenstoff als Wälder.

Das besondere Erlebnis

In den Sommermonaten am Wochenende bietet sich ein Besuch im kleinen Café in der Nienwohlder Dorfstraße an. Kaffee von Hand gebrüht mit Nienwohlder Brunnenwasser und hausgemachter Kuchen werden im kleinen Garten oder in der Wohnstube serviert. Die Einrichtung mit Originalgeräten zum Torfabbau sowie Torfsoden und die liebevolle Bewirtung versetzen den Gast in alte Zeiten.

Impression vom Nienwohlder Moor

Denkmal, das an die gewonnene Schlacht gegen die Dänen erinnert

4

AUF DEN SPUREN EINER SEESCHLACHT

Wie Eduard Julius Jungmann gegen die Dänen gewann

Nicht nur für Badegäste ist dieser Ort von besonderem Reiz, sondern er lässt auch einen Blick in die blutige Vergangenheit zu.

Eckernförder Kurpark, Kreis Rendsburg-Eckernförde **Ort** Am Südstrand, 24340 Eckernförde **GPS** 54.470006, 9.837619 **Anfahrt** Mit dem Auto von Kiel kommend auf der B76 über Gettorf nach Eckernförde

ANKER IM MAUERWERK Wenn man sich in der Innenstadt von Eckernförde in der Kieler Straße bei der italienischen Eisbar niederlässt, den Leuten zusieht, wie sie ihren Geschäften nachgehen und den Erdbeereisbecher mit Sahne genießen, wird man zwangsläufig den Blick auch mal zur Nicolaikirche wenden. Dabei wird einem auffallen, dass an der Außenmauer ein großer Anker in das weiße Mauerwerk eingefügt ist. »Zur Erinnerung an den 5. April 1849« steht unter dem Anker. Was war denn da los? Ist hier ein bedeutendes Schiff untergegangen? Die erste Neugierde ist geweckt. Sie verblasst aber wieder, weil nach dem Espresso die Kieler Straße zu einem gemütlichen Einkaufsbummel einlädt. Man kommt schnell auf andere Gedanken.

AUF DEN SPUREN DER SEESCHLACHT

Bei schönem Wetter ist die Idee nachzuvollziehen, den nahe gelegenen Strand zu besuchen. Vor dem Strand führt der Weg am Kurpark vorbei. Wer aufmerksam ist, wird ein grün verspaktes Denkmal wahrnehmen. Nur schwer lässt sich entziffern, was auf dem Sockel steht: »Zum Andenken an Major Jungmann und seine Kämpfer 5. April 1849«. Das Fundament ist gemauert und mit Zementmörtel verputzt. An einigen Stellen bröckelt die Fassade, Ziegelsteine kommen zum Vorschein. Tauchte das Datum nicht eben schon an der Wand der Kirche auf? Auf dem Sockel sitzt ein älterer Herr. Er nimmt eine lässige Haltung ein, lümmelt sich fast auf seinem Sitz. Sein gezogener Säbel, den er offensichtlich einmal auf seinem Schoß hatte, ist nicht mehr vorhanden. Den hat ihm vielleicht ein Friedensbewegter gestohlen oder er ist einfach nur verrostet, verrottet, abhandengekommen? Die Kanone und die Kanonenkugeln neben ihm kann man nicht stehlen, die sind fest mit dem Sandsteindenkmal verbunden. Der Blick des Majors ist zum Strand hin gerichtet. Sein Helm mit dem Doppeladler passt nicht zur entspannten Haltung der Figur. Sein Vollbart verleiht ihm Autorität und Würde. Nun ist das Interesse geweckt.

MAN WILL MEHR WISSEN Gibt es hier noch weitere Spuren? Zwischen Blumenrabatten liegt ein gewaltiger Anker. Hat der was mit Herrn Jungmann zu tun? Nicht weit davon entfernt steht ein gemauerter Brunnen. Aus der Wand ragt eine aus glasfaserverstärktem Kunststoff gefertigte weibliche Figur hervor, die ein Seil in der Hand hält. Das ist verbunden mit darunter befindlichen vier männlichen bärtigen Köpfen. Sie wirken so, als ließen sie symbolhaft den Wind aus allen vier Himmelsrichtungen wehen. Unter den Köpfen ist eine Welle angedeutet. Der Brunnen macht einen stark mitgenommenen Eindruck. Seitab erklärt ein in die Jahre gekommenes Schild mehr: Dieser Brunnen

Der Gefionbrunnen, eine Nachbildung der Galionsfigur der Fregatte »Gefion«

stellt die Galionsfigur »Gefion« der gleichnamigen dänischen Fregatte dar. Der Name ist aus der germanischen Mythologie. Danach ist Gefion eine Asenjungfrau, die Beschützerin der Jungfrauen und Göttin des Glücks und der Familie. Die Dänen hatten vor, in Eckernförde zu landen, da die deutsch gesinnten Schleswig-Holsteiner sich von Dänemark lösen wollten. Schleswig-Holstein war damals in Personalunion mit dem Königreich verbunden. Vom Schild erfährt man, dass die bärtigen alten Männergesichter nicht die vier Winde aus den Himmelsrichtungen sind, sondern die Söhne der Göttin Gefion darstellen. Wer das Original der Galionsfigur in Eichenholz sehen will, muss ins Rathaus der Stadt gehen. Wenn man nun in südlicher Richtung bis zum Ende des Kurparks geht, stößt man auf ein weiteres Denkmal, das an diese Seeschlacht erinnert: ein obeliskartiges Gebilde, auf dessen Spitze vier Kanonenkugeln liegen. An den Seiten sind Erinnerungsplatten angebracht. Darauf steht: Vor deutscher Artillerie sank der Danebrog von Christian VIII. und der Gefion. Und: »Die für unsern deutschen Heerd Hier gewacht, gekämpft, gefallen, Dank und Ruhm den Helden allen, Preis dem Herrn, der Sieg bescheert!« Ein bläuliches Geschütz auf Rädern aus der Zeit steht daneben.

FEUERBALL Diese Seeschlacht erzeugte weltweite Aufmerksamkeit. Die Dänen gingen davon aus, dass sie mit ihren 146 Geschützen die Schleswig-Holsteiner schnell niederkämpfen konnten. Sie eröffneten das Feuer. Auf schleswig-holsteiner Seite standen ihnen nur 16 Geschütze gegenüber. Da die dänischen Soldaten schlecht ausgebildet waren, auch durch eigenen Pulverdampf um die Sicht gebracht, kamen sie in die Defensive. Die Schiffe »Gefion« und »Christian VIII.«

↓ Der Anker erinnert an die Seeschlacht von 1849.
↘ Geschütz gegen die dänischen Schlachtschiffe

trieben trotz Anker immer stärker auf die Batterien an Land zu. Durch gezielte Einzelfeuer von der Landseite war das Gefecht schnell entschieden. Die Ankertrosse von der »Gefion« wurde durchschossen und so trieb das Schiff noch weiter auf das Land zu. Zwei dänische Dampfer versuchten vergeblich, die »Gefion« und die »Christian VIII.« aus der Feuerzone der Schleswig-Holsteiner zu ziehen. Die Dänen holten ihre Flagge nieder, das Zeichen der Aufgabe. Die Soldaten an Land verstanden aber das seemännische Zeichen nicht und beschossen die Schiffe weiter. Ein dänischer Offizier musste unter Lebensgefahr an Land gehen und vor Hauptmann Jungmann und Unteroffizier Preußer kapitulieren. Erst jetzt begriffen sie, dass sie gesiegt hatten. Plötzlich fing aus ungeklärter Ursache die »Christian VIII.« Feuer und explodierte. Hierbei verstarb der Unteroffizier Preußer, der eigenmächtig die dänischen Soldaten vom Schiff holen wollte. Die Seeschlacht hatte vor allem einen moralischen Wert, denn sie stärkte das Zusammengehörigkeitsgefühl der Schleswig-Holsteiner. Der militärische Wert war eher bedeutungslos. Bei dem Gefecht kamen 224 Dänen und fünf Schleswig-Holsteiner ums Leben. Einige Jahre später herrschten die Dänen wieder über das Land.

Das besondere Erlebnis

Im Eckernförder Stadtmuseum am Rathausmarkt gibt es Gemälde, Grafiken und Erinnerungsstücke an das Gefecht von 1849. Wem das zu viel Geschichte ist, der wendet sich nun genüsslich der Ostsee zu, legt sich an den Strand oder setzt sich an eine Beach Bar, schaut den Möwen zu oder döst einfach vor sich hin.

Denkmal zu Ehren des preußischen Offiziers Jungmann, dem Sieger von Eckernförde

5

DER BAHNHOF, AN DEM NIEMALS EIN ZUG HIELT

Geisterbahnhof von Beimoor

Es irrt der Mensch, solange er strebt. Er kommt nicht an der Tatsache vorbei, dass seine tollen Pläne oftmals im Sande verlaufen. Sie zerplatzen wie Seifenblasen im Wind. Zurück bleiben Ruinen von gescheiterten Plänen.

Beimoor, Kreis Stormarn **Ort** 22926 Großhansdorf **GPS** 53.6740404, 10.2931290 **Anfahrt** In Großhansdorf zum Beimoorweg, dann bis zum Ortsausgang Großhansdorf Richtung Hammoor. Der Geisterbahnhof liegt rechts.

Der eingewachsene Bahnhof von Beimoor. Man erkennt noch den ehemaligen Eingang zu den Gleisen.

Blick auf die ehemalige Gleistrasse

Stahlverstrebungen, die einmal das Fundament des Bahnhofs hielten

VERSAILLER VERTRAG Die U-Bahnlinie 1 von Hamburg-Hauptbahnhof in Richtung Norden hat zwei Endstationen. Eine davon ist Großhansdorf und liegt in Schleswig-Holstein. Das war ursprünglich anders geplant. Die wenigsten werden wissen, dass bei der Planung der Bahnlinie eine andere Endstation vorgesehen war: Beimoor. Hier sollte eine hamburgische »Irrenanstalt« entstehen, so war der damalige Sprachgebrauch. Außerdem war hier eine Rüstungsfabrik geplant. Erste Überlegungen beginnen 1912. Ab 1915 laufen die Arbeiten mit dem Bahnhof an. Aber wie so oft spielen in eine Planung oftmals Dinge hinein, die nicht vorhersehbar sind. Der Erste Weltkrieg beginnt 1914. Am Ende stehen die Kapitulation und der Versailler Vertrag. Dieser untersagte Deutschland, in die Rüstung zu investieren. Die Waffenfabrik und die Arbeitersiedlung werden nicht gebaut. Auch die Psychiatrie kann in den Nachkriegsjahren nicht errichtet werden, weil

↑ Reste der alten Bahnhofshalle
↗ Außenansicht des Bahnhofs

kein Geld mehr dafür zur Verfügung steht. Die Bahnstation macht keinen Sinn mehr. Infolge des Groß-Hamburg-Gesetzes von 1937 wird Großhansdorf Schleswig-Holstein zugeschlagen. Altona und Wandsbek kommen zu Hamburg. Hamburg ist nun nicht mehr zuständig für Beimoor. In den 1930er-Jahren sprengt die Hitlerjugend zu Übungszwecken Teile des Bahnhofsgebäudes, Reste der Anlage verfallen. Heute ist noch die Backsteinaußenwand des Bahnhofs zu erkennen, die parallel zur Straße steht. Die Verschandelung durch Graffiti unterstützt den trostlosen Eindruck der Verlassenheit. Rechts davon geht man an dem Eingangsbogen zum Bahnhof vorbei, der zugemauert ist. Eine dort eingelassene graue Blechtür ist verschlossen und trägt ein Warnschild: »Achtung Infektionsgefahr! Nicht öffnen!«

BITTE DIE RUHE DER FLEDERMÄUSE NICHT STÖREN Dicht an der Mauer entlang drückt man sich an Büschen und Sträuchern vorbei. Auf nacktem Beton ist ein auffällig gut gestaltetes Schablonengraffito zu entdecken: ein Mädchen, das seine Arme ineinander verschränkt hat. Sein Hemd, das Gesicht und die Füße sind weiß gesprayt. Sein Rock ist vorwiegend in schwarz gehalten, ebenso die lange Hose, die es unter dem Rock trägt. An seinen nackten Füßen hat es Flip-Flops. Der Blick ist melancholisch und fragend auf den Betrachter gerichtet. Es entsteht ein merkwürdiges, beklemmendes und unbehagliches Gefühl. Man könnte glauben, dass

Graffiti an der Betonwand des Bahnhofs

Banksy hier zu Besuch war, der sonst seine anonymen Arbeiten eher in England oder Amerika auf öffentlichen Plätzen, an Wänden oder Garagentoren hinterlässt. Was für eine Ehre für Beimoor. Seitlich zum Bild ist TONA gesprayt. War Banksy vielleicht doch nicht hier? Man weiß es nicht. Ein schmaler Weg steigt nun stark an. So erreicht man ein Plateau, den ehemaligen Bahnsteig, überwuchert mit Gras, Moos und kniehohem Buschwerk. An der Betonkante des Bahnsteigs fällt einem ein weiteres Graffito auf. Es zeigt einen kleinen knienden Jungen, der skeptisch den Betrachter anguckt. Er hebt seinen linken Arm. Seine Finger sind zu einem nicht verständlichen Zeichen geformt. Auch hier steht TONA als Urheber. Vom Bahnsteig in südliche Richtung verläuft ein ausgetretener Fußweg. Er folgt dem alten Gleisbett. Nichts erinnert mehr daran. Wendet man sich nun wieder der Ruine zu, führt eine Betontreppe vom Plateau herunter, nun seitlich an der anderen Mauer vorbei, bis man wieder vor der Frontseite des Bahnhofs steht.

Das besondere Erlebnis

Wer mehr wissen will, besorgt sich das Buch von Ulrich Alexis Christiansen: »Hamburgs dunkle Welten. Der geheimnisvolle Untergrund der Hansestadt« (ISBN 3-8615-3473-8). Dort weist Christiansen unter anderem auf die Haltestelle Beimoor hin. Hier findet man auch eine Bauzeichnung des Empfangsgebäudes.

Zwischen hohen Eichen, Rotbuchen und großen Feldsteinen liegt das Familiengrab der Reventlows.

6

DIE TOTEN VOM DAMPER WALD

Ein magischer Ort

Die einsame Kapelle des Sankt-Johannes-Stifts mit seinem Glockenturm und dem angrenzenden Wald lassen einen vom rechten Weg abkommen und führen an magische Stätten.

Sankt-Johannes-Stift, Kreis Rendsburg-Eckernförde **Ort** Sankt-Johannes-Stift 26, 24351 Damp **GPS** 54.5747078, 9.9705392
Anfahrt Mit dem Auto von Eckernförde auf die B203 Richtung Kappeln, dann in Vogelsang-Grünholz der Ausschilderung Damp-Stift folgen

ABSEITIG Das Sankt-Johannes-Stift mit Kapelle steht zwischen Vogelsang-Grünholz und dem Gut Damp. Es liegt auf der Halbinsel Schwansen zwischen der Schlei und der Ostsee. Neben der Kapelle ducken sich die Fachwerkkaten des Armenstifts der ehemaligen Gutsarbeiter. Geht man rechts an der Kapelle vorbei, durchquert man einen auf zwei Ebenen strohgedeckten hölzernen Glockenturm, der durch die Zeit doch recht gelitten hat. Die uralten Träger sind morsch geworden. Man hat die noch intakten Teile der Stämme auf vier Feldsteine gesetzt. Das Glockenseil ist lässig über einen Balken geworfen, der Reiz, daran zu ziehen, ist stark. Wann hat das mal einer in letzter Zeit getan? Heute kann man die Kapelle für Familienfeiern wie Hochzeiten oder Beerdigungen nutzen. Wenn man sie betreten will, bedarf es der Begleitung durch einen Mitarbeiter von der Gutsverwaltung Damp. Der wird dann die Tür aufschließen und sich mehrfach kräftig gegen die morsche aufgequollene Tür werfen, bis sie schließlich nachgibt. Muffiger Geruch schlägt einem entgegen. Hier hat schon lange keiner mehr gelüftet. Dann ist man in einem Raum, in dem die Zeit stehengeblieben scheint. So ähnlich muss sich Howard Carter gefühlt haben, als er seinem Kollegen Lord Carnarvon zuflüsterte: »Ich sehe wunderbare Dinge.« Er war der, der in der Neuzeit den ersten Blick in das Tutanchamun-Grab im Tal der Könige tat. Er war überwältigt von den Schätzen, die er sah.

MUFFIGE LUFT Die Schätze, die es hier zu entdecken gibt, sind eher bescheidener Art, denn christliche Kirchen bieten nicht unbedingt Überraschungen. Man hat hier aber das Gefühl, dass sich diese Kirche seit dem

↓ Der Glockenturm der Damper Stiftskirche

↘ Gedenkstein mit Sinnspruch, der den Besucher zur inneren Einkehr führen soll

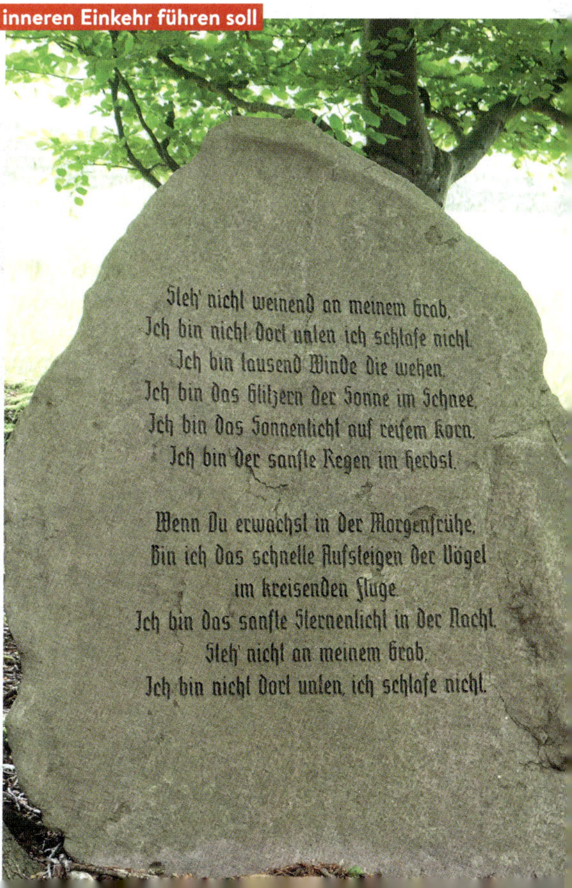

Bau kaum verändert hat. Die Winzigkeit des Raumes strahlt eine besondere Intimität aus. Es fallen die bunten Bleiglasfenster auf. Sie sind von einer besonderen Leuchtkraft. Das rechte Fenster zeigt Jesus nach seiner Auferstehung. Das Fenster rechts davon weist auf die hin, die das alles haben bauen lassen. Wappenschilde der damals einflussreichen Landgrafen sind zu sehen. Furchterregende Keiler, goldene Kronen, ein Arm, der in einer Rüstung steckt, eine Hand, die einen weißen Stab hält, ein weißer, goldener und roter Flügel schwingen durch das Glasfenster. Die winzige Orgel ist nicht mehr intakt. Von der kleinen Kanzel hängt ein rotsamtenes Tuch. »Des Herrn Wort bleibet in Ewigkeit.« An der Außenfassade ist seitlich eine Jahreszahl in schwarzem Metall eingemauert: 1742. 1742? In dem Jahr wird der Kurfürst und Herzog von Bayern Karl I. als Karl VII. zum Römisch-Deutschen Kaiser gewählt, Anders Celsius führt seine Skala ein und legt fest, dass der Siedepunkt von Wasser bei 100 Grad und der Gefrierpunkt bei 0 Grad liegen. In Leipzig wird die Weihnachtskantate Gloria von Johann Sebastian Bach uraufgeführt und in Damp-Stift wird eine kleine Kapelle gebaut.

DER WALD DER TOTEN Hinter dem Glockenturm beginnt der Wald. Wie zur Begrüßung stehen mammutartige Eichen und Rotbuchen Spalier. Sie empfangen den Besucher und ziehen ihn in einen Zauberwald hinein. Folgt man dem angedeuteten Weg, wird man am Ende beim Gut Damp landen. Lässt man sich aber auf nicht vorhandene Wege ein und schlägt sich durch flaches Unterholz, Brenn-

Eine restaurierte Kate vom Sankt-Johannes-Stift

Der Glockenturm, eingerahmt von einer Kate und der Kapelle

nesseln und Farnkraut, steht man plötzlich vor einem kleinen See. Ein Ast beugt sich weit darüber. Von dort sieht man auf ein grünes Getreidefeld. Nicht weit entfernt stehen unter gewaltigen Bäumen große Feldsteine. Hier ist die Familiengrabstätte der Reventlows, seit mehreren Generationen die Besitzer des Gutes Damp. Eine Person der Reventlows ragt besonders heraus: Franziska von Reventlow, auch Fanny genannt, geboren in Husum, verließ schnell die schleswig-holsteinischen Breiten und ging nach München und in die Welt, um dort Malerin und Schriftstellerin zu werden. Das war vor 100 Jahren schon ein mutiger Schritt. Überliefert ist ihr Spruch: »Alles möchte ich haben und alle umschlingen.« Ob sie mit den Reventlows von Damp verwandt ist? Zurück zu der Familiengrabstätte. Der Platz wirkt wie eine heilige Thingstätte. In einem Stein ist ein Sinnspruch eingemeißelt: »Steh nicht weinend an meinem Grab ... Ich schlafe nicht. Ich bin tausend Winde, die wehen, das Glitzern der Sonne im Schnee, … der sanfte Regen im Herbst …«

Das besondere Erlebnis

Wer sich von diesem magischen Ort einfangen lässt, wird auf den Gedanken kommen, sich hier ebenfalls einmal begraben zu lassen. Wer sich unter Insekten, Flechten, Moosen, Mäusen, Vogelgesang und rauschenden Laubbäumen wohlfühlt, wird hier einmal genau richtig liegen. Wer das beabsichtigt, wendet sich an die Gutsverwaltung Damp. Dort kann man ein Ruhebiotop erwerben. Es empfiehlt sich, bei einem vorherigen Spaziergang durch den Wald die riesigen Bäume auf sich wirken zu lassen. Wer will, kann auch seine Daten mit Namen an einem Baumstamm anbringen lassen. Je dicker der Baum, umso teurer der Ruheplatz, denn auch hier ist es so: Für umsonst gibt es nichts.

7

DER NORDFRIEDHOF VON KIEL

Über Gräbern weht der Wind ...

Friedhöfe sind nicht nur ein Ort der Erinnerung, sondern bringen uns auch die Vergänglichkeit des Lebens ins Bewusstsein.

Nordfriedhof, Stadt Kiel **Ort** Westring 481a, 24118 Kiel **GPS** 54.3446935, 10.1279915 **Anfahrt** A7 Hamburg Richtung Flensburg, Ausfahrt Blumenthal Richtung Kiel. In Kiel Richtung Olympiazentrum auf der B76, dann den Hinweisschildern zu Universität und Nordfriedhof folgen

Die Gräberreihen der gefallenen Soldaten von der Skagerrakschlacht

Im parkartigen Gelände erinnert das Denkmal an die Gefallenen der Kriege.

EWIGE RUHE Das Kieler Holstein-Stadion war in letzter Zeit des Öfteren das Ziel des allgemeinen fußballerischen Interesses. Da wo die Emotionen hochgingen, ist nun wieder etwas mehr Ruhe. Träume sind begraben, man ist wieder in der Realität der zweiten Bundesliga angekommen. Auf ein Neues in der nächsten Saison. Ewige Ruhe findet man auf der anderen Seite des Holstein-Stadions. Hier liegt still der Nordfriedhof, ein parkartiges Gelände, auf dem Kastanien ihre gefächerten Blätter ausbreiten. Der Rhododendron mit seinen weißen, lila oder rosa Blüten steht still da. Kniehohe Buchenhecken trennen die Areale des Friedhofs voneinander. Einige wenige Leute sind hier zu sehen. Ab und an macht sich jemand an einem Grab zu schaffen, jätet Unkraut, harkt den Boden, legt Blumen aus und wässert mit einer meist grünen Gießkanne die Pflanzen. Mancher steht in stillem Gedenken versunken vor einem Grab.

INTERNATIONALER FRIEDHOF Was diesen Park aber besonders macht, ist, dass hier etwa 3000 Soldaten begraben sind. Ein Teil kam bei der Seeschlacht am Skagerrak Ende Mai 1916 ums Leben. Hier standen sich die Royal Navy und die Kaiserliche Kriegsmarine gegenüber. Bei der Schlacht gab es an zwei Tagen über 8500 Tote. Ein grauer Gedenkstein erinnert an das beteiligte Großlinienschiff »S.M.S. König«. Der Schriftsteller Johann Wilhelm Kinau, besser bekannt unter dem Namen Gorch Fock, kam bei dieser Schlacht ebenfalls ums Leben. Seine Leiche wurde auf einer schwedischen Insel an Land getrieben und dort bestattet. »Seefahrt tut not!« steht auf seinem Grabstein. Am Ende des Kampfes nahmen beide Seiten für sich in Anspruch, die größte Seeschlacht des Ersten Weltkriegs gewonnen zu haben. An der strategischen Ausgangslage hatte sich aber nichts geändert. Die Seeblockade der Royal Navy blieb weiter bestehen. Als der Krieg militärisch bereits verloren war und die Oberste Heeresleitung die Verantwortung für Waffenstillstandsverhandlungen der politischen Führung zuschob, wollte die Marineführung die Flotte zu einem letzten Schlagabtausch mit den Briten auslaufen las-

↑ Mahnmal für die Opfer von Krieg und Gewalt
↗ Soldatenfriedhof der Alliierten

sen. Wegen der Aussichtslosigkeit dieses Unterfangens verweigerten die Mannschaften den Dienst. Für so etwas wollten sie ihr Leben nicht hergeben und meuterten.

GEWALTIGER ANKER Der Matrosenaufstand von Kiel löste die Novemberrevolution in Deutschland aus. Kaiser Wilhelm II. musste gehen. Er wurde nach Holland ins Exil geschickt. Deutschland war nun eine Republik. Weitere Grabsteine stehen hier mit Aufschriften wie: Georg Hoffmann, 21 Jahre, Bruno Ohlenburg,19 Jahre oder Richard Pakura, 25 Jahre. Auf den einheitlich geformten Steinen bildet sich Moos. Jemand hat mit schwarzer Farbe die Namen, Daten und das Eiserne Kreuz neu ausgemalt. Hinter einem gewaltigen Anker auf einem Sockel erstreckt sich ein weites Feld mit in den Boden eingelassenen Grabsteinplatten. Auf dem Sockel steht im Duktus der Zeit: »Im Weltkriege starben den Heldentod 1569 Offiziere und Beamte, 718 Deckoffiziere, 7349 Unteroffiziere und 25 197 Mannschaften der Kaiserlichen Marine.« Auf der Rückseite: »1914 1918 Wir Toten fordern als unser Recht die alte Treue vom neuen Geschlecht.« Auch die Besatzungsmitglieder des Unterseeboots U 923 des Zweiten Weltkriegs liegen hier. Das Boot kam von Danzig und wurde von einem britischen Jagdflugzeug am 9. Februar 1945 kurz vor Kiel versenkt.

GRÄBER DER ALLIIERTEN Geht man vom Eingang geradeaus in den Westteil, findet man eine in sich geschlossene Anlage: »The Kiel War Cemetery«. »THEIR NAME LIVETH FOR EVERMORE« steht auf einer weißen Steinwand vor der Ehrenhalle. In der Ehrenhalle befindet sich ein kleiner Safe, in

Grabstein, der an einen gefallenen Soldaten der Royal Air Force erinnert

dem ein Heft mit der Beschreibung der Kriegsereignisse aus englischer Sicht seit der Landung in der Normandie bis zum 8. Mai 1945 enthalten ist. In einem weiteren Heft sind alle hier bestatteten Soldaten und die Lage der Gräber genannt. Man kann sich als Besucher in eine Liste eintragen. Der letzte Vermerk ist schon einige Jahre her. Fast vergessen? Vor der Ehrenhalle liegt eine Rasenfläche, groß wie ein Fußballfeld, die durch die Grabsteine unterbrochen wird.
766 Briten, 148 Kanadier, 36 Australier, 33 Neuseeländer, 9 polnische Soldaten und 96 nicht identifizierte Personen sind hier begraben. Jedes Grab hat ein aus englischem Sandstein gefertigtes Monument. Die Soldaten gehörten zum größten Teil zur Royal Air Force, so wie der »Flight Sergeant Alexander Mowbray, Wireless Operator and Airgunner«.

Das besondere Erlebnis

Meistens besucht man einen Friedhof, weil ein nahestehender Mensch hier beerdigt wurde. Als Parkanlagen gestaltete Friedhöfe üben aber eine immer größere Anziehungskraft auch auf nichttrauernde Menschen aus. Die ausgesprochen geschmackvollen, gepflegten und großzügig angelegten Flächen lassen den Besucher eine tiefe Ehrfurcht empfinden. Egal zu welcher Jahreszeit man diesen Ort besucht, man wird ergriffen sein. Wer ein Faible für schaurige Geschichten hat, sollte in den Herbst- und Wintermonaten kommen und die rastlosen Seelen im nebligen Grau erahnen. Im Frühjahr, wenn die Natur erblüht, keimt Hoffnung auf für einen neuen Anfang. Zwischen diesen Kriegsgräbern mahnt ein Felsstein: »Zum Gedenken an alle Opfer von Krieg und Gewalt«.

Wachturm der ehemaligen Volksarmee der DDR an der Grenze zu Schleswig-Holstein

8

DIE GRENZE ZU MECKLENBURG

In den Köpfen ist sie noch präsent

Die Grenze nach Mecklenburg-Vorpommern ist heute nicht mehr eindeutig zu erkennen. Das war bis 1990 anders. Es war sogar lebensgefährlich, sie an den nicht dafür vorgesehenen Übergangsstellen zu überwinden.

Schlutup, Hansestadt Lübeck **Ort** Mecklenburger Straße, 23568 Hansestadt Lübeck-Schlutup **GPS** 53.8843456, 10.8053628 **Anfahrt** Von Lübeck auf der B75, dann auf die B104. Von dort durch den Ortsteil Schlutup auf der Mecklenburger Straße. Dann weiter wieder auf die B04 Richtung Selmsdorf. In Selmsdorf links abbiegen auf die B105 in Richtung Dassow. An der B105 Grenzwachturm Dassow. Der B 105 durch Dassow folgen. In Dassow links abbiegen in Richtung Pötenitz. Auf die Mecklenburger Landstraße in Richtung Priwall

DIE GRENZE In Schleswig-Holstein gab es einen Grenzübergang in Lübeck-Schlutup. Westdeutsche, die im Zonenrandgebiet wohnten, durften ohne Angabe von Gründen 30-mal im Jahr in die DDR fahren. Man nannte das »kleiner Grenzverkehr«. Der fand in einer Zone von etwa 50 Kilometern statt. Für Bürger der DDR galt die Regel, dass Frauen über 60 und Männer über 65 Jahre alt sein mussten, um einen Antrag stellen zu können. Eine Einladung mit Kostenübernahme von Verwandten war zwingend, denn DDR-Bürger durften keine Devisen besitzen.

GRENZKONTROLLE Wer die Grenze passieren wollte, musste sich auf eine genaue Kontrolle einstellen. »Einmal die Personalausweise, den Führerschein, die grüne Versicherungskarte, Kfz-Schein. Führen Sie westdeutsche Druckerzeugnisse mit sich?« »Nein.« »Haben Sie Waffen oder Sprengstoff dabei?« »Nein.« »Haben Sie Tonträger dabei?« »Nein.« »Steigen Sie bitte aus und räumen Sie den Kofferraum aus.« Der Wagen wurde akribisch gefilzt. Zwangsumtausch pro Person von 25 D-Mark in 25 Ost-Mark. Tagesvisum pro Tag und Person 5 D-Mark. »Wir begrüßen Sie in der Deutschen Demokratischen Republik. Gute Fahrt.« Auspuffgestank der Zweitaktmotoren und der Geruch von Braunkohle lagen in der Luft, am Straßenrand Lobpreisungen auf den Sozialismus: »Von der Sowjetunion lernen, heißt siegen lernen!« Bei der Ausreise wurde mithilfe von Spiegeln die Unterseite des Autos abgesucht. Mit einem langen Plastikstab wurde auch der Tank auf eventuelle Umbauten kontrolliert. Die Rückbänke wurden abgetastet oder ausgebaut. Oberstes Ziel war die Verhinderung von Republikflucht.

GEMEINSAMER GRENZVERLAUF Der Purist, der Wert darauf legt, dass sich die Geschichten des Buches in Schleswig-Holstein abspielen, muss jetzt ein klein wenig Geduld aufbringen, denn ein Stück Geschichte des Landes erklärt sich eben auch durch die

↓ Die traurigen Reste der Grenzbefestigung
↘ Der Aufgang zum Wachturm

Grenze zu Mecklenburg-Vorpommern, der damaligen DDR. Schleswig-Holstein hatte einen circa 100 Kilometer langen Grenzverlauf zur DDR. Der zog sich von Lauenburg an der Elbe bis an die Ostsee bei Travemünde. Die östliche Seite sprach vom antifaschistischen Schutzwall, der ihre Arbeiter, Bauern und Bürger vor den dekadenten Kapitalisten im Westen schützen sollte. Die andere Seite empfand ihn als ein Schandmal der deutschen Geschichte. Die Grenze selbst bildete ein hoher Metallzaun mit einem dahinterliegenden freien Gelände, ein 10 Meter breiter gepflügter Kontrollstreifen, die Todeszone. Er war zeitweise vermint und mit Selbstschussanlagen ausgerüstet. Dahinter wiederum war ein 500 Meter breiter sogenannter Schutzstreifen. Nun ist das alles längst Geschichte. Und so lohnt es, auf Spurensuche zu gehen. Schlutup war die nördlichste Grenzübergangsstelle. »Schlut up«, hochdeutsch »Schließ auf!« Darauf musste man bis zum 9. November 1989 warten. Was ist heute davon übrig geblieben? In Schlutup gibt es heute kurz vor der damaligen Grenze in der Mecklenburger Straße 12 eine Grenzdokumentationsstätte. Vor dem Gebäude steht eine Mahn- und Gedenkstätte, bestehend aus einem Segment der Berliner Mauer, daneben abbröckelnde verblasste schwarz-weiß-rote Farbe auf einem Betongrenzpfahl mit dem Emblem Hammer, Zirkel und Ährenkranz, sowie dem Vermerk »Deutsche Demokratische Republik«. Ein Warnschild vom Bundesgrenzschutz davor: »Halt! Hier Grenze«. Das hängt an einem engmaschigen Drahtzaun, der einen eisengezackten Abschluss hat. Darüber ist elektrischer Stacheldraht in dreifacher Ausführung ausgelegt, der wiederum durch Porzellanisolatoren läuft. Bei Kontakt mit dem Draht gab es eine Rückmeldung an den nächstgelegenen Beobachtungsposten. Ein grauer Trabi steht vor einem Drahtgeflecht, auf dem von

Vor dem Grenzmuseum
in Lübeck-Schlutup

↑ Reste der DDR-Grenzbefestigung
↗ Weitere Ausstellungsstücke vor dem Museum

tragischen Fluchten berichtet wird. Von der eigentlichen Grenzübergangsstelle ist nichts mehr erkennbar.

RELIKTE AUS DER ZEIT DER TEILUNG Von Schlutup geht es an Selmsdorf vorbei in Richtung Dassow. Eine lange Baumallee verläuft am Dassower See entlang. Der See gehörte zur Bundesrepublik, ebenso die Uferzone. Nach wenigen Metern gehörte das Land zur DDR. Somit war es Sperrgebiet, in dem man nicht ohne Grund sein durfte. Das Ufer war mit hohen Betonelementen verbaut, ab und an ein Beobachtungsturm. Kurz vor Dassow steht noch einer, Typ BT-11, durchschnittliche Höhe 11 Meter, meist mit Stromanschluss und aufgesetztem Scheinwerfer. Über eine Innenleiter konnte man die Kanzel erreichen. Einige waren mit einem unterirdischen Bunker versehen, in dem nachrichtentechnische Anlagen waren. Außerdem war dort Platz für eine Alarmgruppe, die schnell einsatzbereit war. Der Turm bei Dassow ist nicht restauriert oder betretbar. Die Betontreppe zum Turm ist inzwischen mit Gras überwuchert. Die verrammelte, verbeulte Blechtür ist mit Graffiti »verziert«. Der nackte Beton ist zum Teil noch in weiße Farbe getüncht. Der Weg zum Turm ist kaum noch zu erkennen. Reste von Stahlbeton ragen aus dem Boden, wo sich inzwischen die Natur wieder breitgemacht hat. Da man den Turm nicht betreten kann, kann man nur erahnen, dass die Aussicht von dort Richtung Westen hervorragend gewesen sein musste. Der Raum unter dem Dach zeigt noch intakte Fenster. Auf dem Dach schützt ein Geländer vor dem Absturz. Hinter dem Turm haben einige Menschen ihre Notdurft verrichtet. Ein dunkler Ort, von dem man sich schnell abwendet und in Richtung Priwall an die Ostsee weiterfährt. Dort endete damals die Grenze. Heute steht hier ein Gedenkstein, der an die Teilung erinnert. Auch hier sucht man vergeblich nach Relikten der vergangenen Zeit.

NACKTE TATSACHEN Da, wo sich heute die Nackten die Sonne auf den Bauch scheinen lassen, stand einmal ein neun Meter hoher Beobachtungsturm. Eine kleine Hinweistafel erklärt die damalige Situation und berichtet von besonderen Vorkommnissen. Ein Mann auf der Westseite ging splitterfasernackt ins Wasser. Da der Wasserstand sehr niedrig war, konnte er um die Absperrung im Wasser herumgehen. Die anderen Badegäste riefen ihn zurück, er aber ging frohen Mutes weiter. So kam er auf DDR-Gebiet. Zwei Grenzsoldaten nahmen ihn mit vorgehaltenen Kalaschnikows fest. Sich ausweisen war schlecht möglich. So musste er eine halbe Stunde mit erhobenen Händen dort stehenbleiben. Nach weiteren 30 Minuten durfte er wieder zurück. Es stellte sich heraus, dass er Brite war und kein Wort Deutsch konnte. Ein weiterer Fall erzählt von einem Bauern aus Pötenitz, der ehemaligen DDR. Er überwand die Sicherheitsanlagen, lief in Richtung Priwall und kam bis zu 80 Meter an den Grenzzaun heran. Vom Hochstand entdeckte man ihn. Warnschüsse zwangen ihn zur Umkehr. Er wurde festgenommen und zu zwei Jahren und sechs Monaten Haft verurteilt.

Das besondere Erlebnis

Es empfiehlt sich, das Grenzmuseum in Lübeck-Schlutup in der Mecklenburger Straße 12 zu besuchen, da es eindrucksvoll die Teilung dokumentiert. Es ist geöffnet am Freitag und Samstag von 14 bis 17 Uhr und am Sonntag von 11 bis 17 Uhr. Im Internet kann man unter www.grenze-luebeck.de einen virtuellen Rundgang machen.

Dunkler Schatten an der Grenze zwischen Mecklenburg-Vorpommern und Schleswig-Holstein

9

DER HAUKE-HAIEN-KOOG

Geisterreiter

An stürmischen dunklen Tagen soll hier ein unheimlicher Reiter auf weißem Pferd über den Deich reiten.

Hauke-Haien-Koog, Kreis Nordfriesland **Ort** 25899 Dagebüll **GPS** 54.6634593, 8.7977337 **Anfahrt** Von Husum auf der B5 Richtung Niebüll. Hinter Bredstedt links Richtung Ockholm. Kurz hinter dem Ort beginnt der Hauke-Haien-Koog.

Blick auf das Vorland zur Nordsee

Die aufgewühlte wilde See fasziniert immer wieder und birgt ihre Geheimnisse.

»MÄÄÄÄH!« Schafe halten das Gras auf dem Deich kurz, treten die Erde fest und düngen sie mit ihrem Kot, Naturschutz im besten Sinn. Vor dem Deich schreien Möwen und versuchen geschickt, gegen den Nordseesturm anzufliegen. Sie fliegen weit auf das Meer hinaus, um dann plötzlich abzutauchen. Aus dem Gras des Deiches steigen schwarzköpfige Seeschwalben auf und fliegen elegant über das Küstenvorland. Das samtig-sommerliche Wetter hat die Luft mild erwärmt. Der Wind vom Meer her reißt lautstark an der Windjacke und zerzaust einem die Haare. Meeresrauschen lässt kein Gespräch mehr zu. Es ist Hochwasser. Die Wellen schlagen an den Fuß des Deiches und laufen dann langsam aus. Man ist allein mit sich und seinen Gedanken. Die Schafe kauen stoisch vor sich hin, sie widmen den wenigen Gästen auf dem Deich keine Aufmerksamkeit. Flach ist das Land und man kann weit über den Koog blicken. Man meint in einiger Entfernung etwas länglich Bleiches liegen zu sehen, Knochen von einem Schaf? Oder sogar das Gerippe von einem Pferd? Vielleicht die Reste des Schimmels vom Deichgrafen? Nein, nein, es ist nichts, nur eine Sinnestäuschung.

GESCHÜTZTES LAND Ein Koog entzieht dem Meer durch Bau eines Deiches seinen Einfluss und wird dadurch nach und nach zu Marschland, zu fruchtbarem Boden. Durch die Eindeichung hatte man sich hier etwas ganz Besonderes überlegt. Das Gebiet sollte Ende der 1950er-Jahre nicht nur für neue Äcker zur Verfügung stehen, es sollte auch ein Vogelparadies geschaffen werden. Zahlreiche Brand- und Löffelenten, Schnepfen, Uferschwalben, Austernfischer und Gänse finden jetzt hier ihre Nahrungs- und Rastplätze. Große Bereiche bleiben einer natürlichen Entwicklung vorbehalten. So sind einige Teile durch Schilfröhricht vereinnahmt, in denen Kleinvögel nisten. Heute wird bereits wieder am Deich gearbeitet. Er muss verstärkt und erhöht werden. Der Klimawandel erfordert es.

HAUKE HAIEN Dieser Koog ist nach dem Deichgrafen benannt, dem Schimmelreiter, dem tragischen Helden aus der Novelle von Theodor Storm. Der Protagonist ist ehrgeizig, manchmal arrogant, verschlossen und vor allem besessen von der Vorstellung, einen Deich zu bauen, der zum Meer hin flacher abfällt als der alte. Dadurch hat die Flut weniger Angriffsfläche und macht den Deich widerstandsfähiger. Als er nach vielen heftigen Auseinandersetzungen schließlich Deichgraf wird, setzt er seine Pläne um und beginnt mit dem Bau eines neuen Deiches. Er muss dabei gegen Sturheit und Dummheit ankämpfen. Was ihn am meisten umtreibt ist die feindselige Haltung, mit der die abergläubische Bevölkerung ihm und seinem fortschrittlichen Deichbau gegenübersteht. Er sieht Schwachstellen an der Verbindung vom alten zum neuen Deich, führt aber die notwendigen Maßnahmen zur Sicherung nicht durch. Als eine große Sturmflut das ganze Dorf zu überfluten droht, bricht der alte Deich. Der neue kann die hereinbrechende Flut nicht aufhalten. Seine Frau Elke und die kleine Tochter sterben in den Fluten. Verzweifelt stürzt sich der Deichgraf mit seinem Schimmel ebenfalls in die tobende See, um so die Verantwortung für seine Nachlässigkeit auf sich zu nehmen. Im Aberglauben der Bevölkerung lebt der Deichgraf als Spukgestalt weiter, die bei drohender Sturmflut auf einem Schimmel erscheint.

SCHLAGZEUGSOLO VON JOHN BONHAM

Wem das alles zu wenig dunkel, verloren und verlassen ist, der sollte sich um Mitternacht bei Regen und Sturm hier auf den Deich setzen, im fahlen Mondlicht, das ab und an von treibenden dunklen Wolken verdeckt wird, dem brüllenden Meer zuhören und den aus-

↓ Typisch nordfriesisch! Flaches Land, Windräder und Gelassenheit

↘ Blick auf den Hauke-Haien-Koog

laufenden Wellen zusehen, die die weiße Gischt vor sich hertreiben. Dazu mit Kopfhörer das 26-minütige Schlagzeugsolo von John Bonham einspielen: Led Zeppelin: »Over the top!« Live, Seattle 1977. Und vielleicht, aber nur dann, wenn man ganz genau hinsieht, kann es sein, dass man etwas über den Deich huschen sieht. Ein atemloses Wesen, das mit wehenden, nassen blonden Haaren, fanatisch leuchtenden Augen, fliegendem, schwarzen Mantel und brennender Fackel in der rechten Hand seinem Schimmel wie irre die Sporen gibt, begleitet von funkensprühendem Hufschlag, bis es in der nebligen, wässrigen Luft sich auflöst und verschwindet. Wenn man das erleben durfte, kann man sich glücklich schätzen. Denn wer kann schon von sich sagen, dass er den leibhaftigen Schimmelreiter gesehen hat? Und nicht vergessen: wettergerecht anziehen, sonst kommt man mit einer gewaltigen Erkältung nach Hause. Und die ist dann wirklich real.

Das besondere Erlebnis

In Husum sollte man sich das Theodor-Storm-Haus ansehen. Es liegt in der Altstadt, Wasserreihe 31 und gehört zu den bedeutendsten Literaturmuseen Deutschlands. Unter anderem kann man das Arbeitszimmer des Dichters besichtigen, das noch im Original erhalten ist.

Dunkle Wolken drohen nahendes Unheil an.

Der Fluch der Hexenbäume

10

DIE HEXEN VON GUT ROEST

Der Fluch der Frauen

Im Übergang vom Mittelalter zur frühen Neuzeit war es Brauch, Menschen Hexerei zu unterstellen. Es kam zu Hexenprozessen. Jeden konnte es treffen, wobei die Opfer dieser Barbarei zum größten Teil Frauen waren. So war es auch im Jahr 1551 in Roest bei Kappeln.

Gut Roest, Kreis Schleswig-Flensburg **Ort** 24376 Roest
GPS 54.6588491, 9.8991534 **Anfahrt** B201, kurz hinter Kappeln Richtung Schleswig geht es rechts ab in die Straße Roest. Schon nach wenigen Metern steht rechts auf einem Feld die Hexenbaumgruppe.

UNBARMHERZIGE GERICHTSBARKEIT

Wenn auf einem großen Feld mittig eine Baumgruppe steht, dicht zusammengerückt, als wollten die Bäume sich schützen, wundert man sich. Der Mähdrescher hat tiefe Spuren um die Baumgruppe in den Boden gerissen. Was hat sie verbrochen, dass sie nicht abgeholzt wurde? Geht man der Sache auf den Grund, stellt sich heraus, dass nicht die Bäume etwas verbrochen haben, sondern die Menschen, die vor über 500 Jahren hier lebten. Der Sage nach kamen sechs Frauen von Gut Roest unter den Verdacht, der Hexerei schuldig zu sein. Sie wurden an sechs Linden gekettet und sollten dort verdursten und verhungern. Eine der Frauen hat dann einen Fluch herausgeschrien. Es sollten alle Gutshöfe in der Umgebung abbrennen, wenn einmal diese Bäume gefällt werden würden. Viele Jahre später wurde der Wald für eine neue Ackerfläche gerodet. Der Fluch war aber in den Köpfen der Menschen eingebrannt und die Angst groß, dass er wahr werden würde. Die sechs Lindenbäume blieben stehen und wurden bis heute nicht angerührt. Ein Baum fiel irgendwann einmal dem Sturm zum Opfer. Daraufhin fällte man ihn. Es soll dann wirklich ein Feuer auf dem nahegelegenen Gut Roest ausgebrochen sein. Man sagt, dass an den Bäumen, an denen einmal die Ketten hingen, die Baumrinde nicht nachgewachsen ist. In der Chronik der Hexenprozesse in Schleswig kann man nachlesen, dass im Jahr 1551 aus Roest stammende Frauen zum Tode verurteilt wurden. Zwei Namen sind sogar noch überliefert, die Geelhardsche und die Koster-

Im Innenhof des Schleswiger Rathauses erinnert eine Gedenkplatte an die Opfer der Hexenverfolgung.

↑ Baumallee, die zum Gut Roest führt

↗ Gewaltige Gorillas schützen das Gut und erinnern an humanes Verhalten

sche. Mit ihnen wurden drei weitere Frauen verurteilt. Noch hundert Jahre lang wurden danach auf Roest Frauen als Hexen verbrannt, so unter anderem Anna Stiges aus Kappeln am 6. Juni 1632, Anneke Hansen, Anna Nagels und Ellen Lassen am 18. Dezember 1641 aus Toestrupholz. Im Innenhof des Schleswiger Rathauses wird seit einiger Zeit an die als Hexen verbrannten Frauen mit einer Gedenktafel erinnert. Auf der steht unter anderem: »Das Leben und der Tod sollen uns Mahnung sein. Nie wieder darf so etwas geschehen.« Man geht davon aus, dass im 16. und 17. Jahrhundert in Europa etwa 70 000 Menschen ihr Leben lassen mussten. Die meisten wurden in Deutschland verbrannt.

MASSENHYSTERIE Der Nährboden für solche Prozesse waren die landwirtschaftlich geprägten Gesellschaften, da bei Missernten Hungersnöte ausbrachen. Seuchen taten ein Übriges, um die Menschen zu verunsichern. Die Kirche konnte keine befriedigenden Erklärungen für dieses Massensterben geben. Also mussten Schuldige gefunden werden. Die Hexenverfolgung war somit Ausdruck der Ängste und der Massenhysterie der Menschen, die in den Hexenprozessen eine Lösung ihrer Probleme sahen. Wenn Menschen der Hexerei beschuldigt wurden, kam es zu einer »peinlichen« Befragung, was nichts anderes bedeutete, als dass sie gefoltert wurden. Um diesen Qualen zu entgehen, gestanden die armen Geister alles, was die Folter-

Abgeerntetes Feld mit den Hexenbäumen

knechte hören wollten. Bei Nennung weiterer Namen von Besessenen stellte man den Opfern in Aussicht, dass der eigene Tod nicht durch Verbrennen, sondern humaner, durch Strick oder Beil erfolgen würde. Da es sich aber um Hexen handelte, musste man sich nicht an Abmachungen halten. Die verurteilte Hexe wurde an einen Pfahl gebunden, drum herum Holz ausgelegt, der Scheiterhaufen wurde angezündet. Manchen wurde die Gnade zuteil, die unsäglichen Schmerzen abzukürzen, indem man den Opfern einen kleinen Sack Schwarzpulver um den Hals band. Erreichten die Flammen das Pulver, explodierte er und zerriss Kopf und Körper der armen Seele. In Schleswig-Holstein war das nicht anders.

Das besondere Erlebnis

Dicht dabei steht das Gestüt Gut Roest, alles andere als ein »Lost & Dark Place«. Es ist ein heller, gepflegter und von guten Geistern beseelter Ort. Das nahezu 800 Jahre alte Gut zählt zu den ältesten und bedeutendsten Kulturgütern im Norden von Schleswig-Holstein, in der Region Angeln. Es ist heute eine Zucht- und Ausbildungsstätte für Trakehner. Eine wunderschöne alte Allee führt über Kopfsteinpflaster zum Toreingang. Auf der Wiese vor dem Eingang zum Hof sind zwei überdimensionale Gorillas aufgestellt. Es ist ein Werk von Liu Ruowang, das er »Erbsünde« nennt: Man kann es auch als Mahnmal für humanes Verhalten verstehen.

11

DER GROSSE KURFÜRST

Denkmal oder Mahnmal?

Warum steht der Große Kurfürst seit fast 70 Jahren in Eckernförde-Borby an der Straße Vogelsang, obwohl er doch hier nur zu Besuch ist und wieder zurück in seine ehemalige Heimat soll?

Parkanlage am Borbyer Ufer, Eckernförde, Kreis Rendsburg-Eckernförde
Ort Vogelsang, 24340 Eckernförde-Borby **GPS** 54.476777, 9.8420508
Anfahrt Mit dem Auto von Kiel auf der B76 nach Eckernförde, durch die Stadt nach Borby

Wo bin ich hier gelandet?

Am Borbyer Ostseeufer

GROSSER KURFÜRST In Eckernförde-Borby kann man gemütlich an der Ostsee flanieren, kann den Blick vom Hafen zum Strand bis zur Steilküste ganz auf der anderen Seite der Bucht wandern lassen. In einer kleinen Parkanlage entdeckt man eine überlebensgroße Plastik. Auf einem drei Meter hohen, aus Feldsteinen gefertigten Sockel steht er stolz in fürstlicher Pose, seinen Säbel auf der linken Seite, seine rechte Hand lässig in die Hüfte gestemmt. Sein dicker Bauch wird von einem dreiviertel langen Mantel und einem schärpenartigen Gürtel umspannt. Seine kniehohen Stiefel verschwinden unter dem Mantel. Friedrich Wilhelm von Brandenburg, besser bekannt unter dem Namen der Große Kurfürst, ist hier dargestellt, in Bronze gegossen. Er wirkt wie ein netter älterer Herr, der im Park den Ausblick genießt. Aber wo ist hier was von »Lost & Dark« zu erkennen? Das ist einem erst auf den zweiten Blick möglich. Also, was macht den Herrn suspekt? Wie sein Name schon sagt, war sein Betätigungsfeld Brandenburg. Er lebte in Zeiten des Dreißigjährigen Krieges. Seine Auseinandersetzungen mit den Schweden brachten ihm den Titel »der Große Kurfürst« ein.

ABER WARUM STEHT ER HIER? Er hatte doch so gar nichts mit Schleswig-Holstein und noch weniger mit Eckernförde zu tun. Da muss man mal wieder die jüngere deutsche Geschichte hervorkramen, zurückgehen in dunkle Zeiten. Die Bronzestatue kommt eigentlich aus dem ehemaligen Pillau in Ostpreußen. Dort hatte sie der letzte Kaiser aufstellen lassen. Als 1944 die Rote Armee immer weiter nach Westen vorrückte, wurde sie in den Westen evakuiert, sie ging auf die Flucht. In Hamburg fand sie eine schäbige Unterkunft auf einem Abstellplatz. Der Aufenthaltsort war nicht gerade der angemessene Ort für eine solche besondere Persönlichkeit. Was für eine Demütigung, vergessen auf dem Schrottplatz der deutschen Geschichte. Das Denkmal war zum Einschmelzen vorgesehen, um aus ihm kriegswichtige Güter zu produzieren. Dazu kam es dann aber nicht mehr, der Frieden kam dazwischen. Der Große Kurfürst wäre wohl dort für immer vergessen, wenn nicht

Ausblick des Großen Kurfürsten
auf die Eckernförder Bucht

nach dem Krieg Partnerschaften zu den Städten und Kreisen im Osten gebildet worden wären. Eckernförde übernahm die Patenschaft für Pillau. In diesem Zusammenhang erinnerte man sich an den Großen Kurfürsten, der so würdelos zwischen Eisenresten, verrosteten Karosserien, alten Autoreifen, Schmutz und Löwenzahn vor sich hingammelte. Deshalb hielt man es für eine gute Idee, ihn nach Eckernförde zu verfrachten. Hier fand er nun seine neue Heimat. Er bekam seine alten Privilegien zurück. Er konnte wieder auf die Ostsee blicken, zwar nicht ganz auf die freie Ostsee, wie er es in Pillau gewohnt war, aber besser als die Aussicht auf einen Schrottplatz ist das allemal. Auf dem Feldsteinsockel unter ihm ist eine Bronzetafel angebracht: »Der Seestadt Pillau, dem Kriegshafen der ersten brandenburgisch-preußischen Marine, widmete dieses Denkmal Kaiser Wilhelm II. 1913. Bis zur Heimkehr hier aufgestellt 1955.« Bleibt die Frage, was ist mit Heimkehr gemeint? Pillau gibt es seit 1945 nicht mehr. Heute heißt Pillau Baltijk und ist russischer Marinehafen. Was soll er in einer russischen Stadt? Er ist doch längst angekommen – angekommen in seiner neuen Heimat. Und ob es ein Denkmal oder Mahnmal ist, entscheidet dann der Betrachter.

Das besondere Erlebnis

Gleich daneben befindet sich eine moderne Toilette, das Gender-Klo. Es fällt auf durch moderne Architektur. Das Gebäude hat 182 000 Euro gekostet. Wer hat sonst schon die Möglichkeit, in unmittelbarer Nähe zum Großen Kurfürsten seine Geschäfte auf fürstlichem Preisniveau zu erledigen?

↓ ↘ Detailaufnahmen vom Großen Kurfürsten

Bräutigamseiche

12

WO LIEBESBRIEFE IN EIN TIEFES LOCH FALLEN

Die weltweit einzige Eiche, die eine Postanschrift hat

Die Sage erzählt, dass ein keltischer Fürstensohn vor gut 500 Jahren hier von seinen Feinden gefesselt und im Dodauer Forst zurückgelassen wurde. Ein junges Mädchen fand und befreite ihn. Zum Dank für diese Errettung pflanzte er hier ein kleines Eichenbäumchen.

Dodauer Forst, Kreis Ostholstein **Ort** 23701 Eutin
GPS 54.1361264, 10.5558576 **Anfahrt** Von Plön kommend, B76 Richtung Eutin. Kurz vor Eutin links in den Weg Dodau

DUNKLES LOCH Über die Jahre ist der Setzling zu einer kräftigen Eiche herangewachsen. Heute beträgt ihr Stammumfang fast 5 Meter, die Krone ist 25 Meter hoch und über 30 Meter breit. Der Weg dorthin ist nichts Besonderes. Besonders wird es, wenn man die Lichtung erreicht. Ehrfurchtsvoll schaut man auf die riesige Eiche, die durch einen Holzzaun zu ihrer Umgebung abgegrenzt ist. Selbst die Natur nimmt Abstand zur Eiche, als wollte sie sagen: »Respektiert mich gefälligst, ich habe hier eine besondere Aufgabe für die Menschen zu erfüllen.« Durch ihre Autorität schafft sie es sogar, in Ruhe gelassen zu werden, keine Spuren von Zerstörungen oder Vandalismus sind zu finden. An dem gewaltigen Stamm lehnt eine Holzleiter, die direkt vor einem armrunden Astloch endet. Und hier sind die Briefe eingelegt? Ein Lost & Dark Place im Inneren der Eiche für die Briefe? Das will man doch genauer wissen. Hier gibt es kein Briefgeheimnis. Jeder, der vorbeikommt, kann die Briefe herausnehmen, sie lesen und bei Interesse die Briefe mitnehmen und beantworten. Vielleicht entwickelt sich daraus eine Liebe fürs Leben. Wer nur neugierig ist, legt die Briefe nach dem Lesen natürlich zurück. Soll man da wirklich hochsteigen? Die Neugierde siegt und man steigt dann doch die Leiter hinauf und greift hinein. Es ist ein merkwürdig beklemmendes Gefühl, in den intimen inneren Bereich der Eiche mit der Hand einzudringen. Leichtes Schaudern überfällt einen. Haben sich hier nicht vielleicht auch Ratten, Schlangen, Käfer und sonstiges Getier eingerichtet? Man greift zunächst ins Nichts. Die Hand sucht vorsichtig tastend und berührt schließlich den modrigen

Der Baumbriefkasten mit Brief

Untergrund. Gänsehaut läuft über den Rücken. Endlich wird man fündig und zieht die Beute heraus.

BOTSCHAFTEN DER SUCHENDEN Einige Briefe haben schon ein bisschen die Feuchtigkeit des fauligen Holzes angenommen. Blassblaue Tinte, so romantisch das auch sein mag, eignet sich weniger für diese Botschaften. Ein schnöder Kugelschreiber leistet da bessere Dienste. Die Schrift bleibt auch bei beginnender Auflösung des Briefpapiers noch erhalten. Um wieder sicheren Boden unter den Füßen zu bekommen, steigt man herab. Hier kann man in Ruhe lesen, dass eine Frau, 25 Jahre jung, ihren Wohnsitz in Karlsruhe hat. Bis zu ihrer Arbeitsstelle braucht sie eine halbe Stunde. Sie ist naturverbunden, liebt Tiere, engagiert sich ehrenamtlich und ist gern mit Freunden unterwegs. Sie fährt gern Motorrad, reist und klettert gern. Und sie würde sich freuen, wenn der Leser männlich, zwischen Mitte 20 und Anfang 30 wäre, lebenslustig und keine Couch-Potato. Wenn dem so sei, solle er sich gern bei ihr melden. Unter der angegebenen Handynummer sei sie zu erreichen. Es folgen liebe Grüße und dann vielleicht bis bald. Auch Briefe von älteren Semestern sind zu finden. Eine im Herzen jung gebliebene 61-Jährige, die das Herz auf dem rechten Platz hat. Ziel ihres Lebens sei es, den treuen, ehrlichen Mann zu finden. Wenn er ihre Seele berühren könne und damit ihr Herz, würde sie sich sehr über einen Kontakt freuen. Die Telefonnummer wird gleich mitgereicht.

LIEBE FINDET IHREN WEG 1891 wurde die Tochter des Oberforstmeisters mit einem

Hinweis für Glückssuchende

↑ Der knorrige Stamm hat schon einigen Liebessuchenden zum Glück verholfen.
↗ Wer sein Glück finden will, muss auf diese Leiter steigen.

Schokoladenfabrikanten aus Leipzig verbandelt. Sie gingen den Bund der Ehe unter dieser Eiche ein. Da der Vater des Mädchens anfangs seine Einwände gegen diese Beziehung hatte, mussten die beiden einen anderen Weg gehen. Man weiß ja, wahre Liebe ist nicht aufzuhalten. Sie sucht sich ihren Weg. Das war in diesem Fall die Eiche mit ihrem Astloch, die als Botschaftsübermittlerin herhalten musste. So konnten sie heimlich ihre Liebesschwüre austauschen und sich endlose Liebe versprechen. Schließlich musste auch der Förster einsehen, dass sein Widerstand zwecklos war. Und so kam diese Romanze zu einem glücklichen Ende. Diese Geschichte sprach sich schnell herum, und man fand sie so zu Herzen gehend, dass die Eiche zur Bräutigamseiche wurde, zu der man seitdem pilgern kann. Auch heute noch umgibt diese Eiche eine mystische Aura. Wer sein Glück auf diese Weise suchen will, kann sich auch von einem Schamanen an diesen Ort begleiten lassen. Der wird auf seine Handtrommel schlagen, den Baum umkreisen und mit seinen dumpfen, rhythmischen Tönen stampfend in eine Art Trance verfallen und so die guten Geister herbeirufen und die bösen vertreiben. Im Lauf der Jahre sind bereits hunderte von Ehen geschlossen worden, die bis heute alle glücklich verlaufen sein sollen.

Das besondere Erlebnis

Sogar die Post, die sonst eher sehr nüchtern daherkommt, zeigte Herz und richtete 1927 eine Postanschrift ein: Bräutigamseiche, Dodauer Forst, 23701 Eutin. Bis heute wird der Baum von einem Postboten betreut, der sich selbst der besonderen Magie des Baumes nicht entziehen kann.

13

DAS GEISTERHAUS AM DIEKSEE

Wo Norman Bates hinter der Tür warten könnte

Die einsame Villa, umgeben von dunklen Bäumen, lädt zum Gruseln ein.

Niederkleveez, Kreis Plön, **Ort** Holmweg, 24306 Bösdorf **GPS** 54.11581324, 10.4959204 **Anfahrt** Von Bad Malente kommend auf der Plöner Straße bis Abzweigung nach Oberkleveez. Dort einbiegen in die Kleveezer Straße, Am Hang, am Ende rechts zu Fuß in den Holmweg, rechter Hand liegt das Haus.

Die besondere Schönheit der alten Villa ist noch zu erahnen.

VERLORENE PRACHT Die Osterberg-Villa, ursprünglich von 1945 bis 1985 eine Augenklinik, dann vorübergehend als Asylunterkunft genutzt, und das benachbarte Schwesternwohnheim befinden sich in fantastischer Lage direkt am Dieksee. Beide Häuser am Holmweg stehen seit über 20 Jahren leer. Die Osterberg-Villa ist ein imposanter Bau, selbst in dem jetzigen Zustand. Der Zaun, der ungebetene Gäste abhalten soll, ist heruntergetreten. Einige Fenster sind eingeschlagen. Braunes Laub liegt auf den Treppen, die von zwei Seiten zum verrammelten Eingang führen. Löwenzahn und Gras kriechen ebenfalls auf die Tür zu. Der Efeu rankt an den Gemäuern bis auf das Dach. Die Dachrinnen scheinen noch ihrer Funktion mächtig zu sein. Das Fenster zum Keller ist eingeschlagen. Vor dem hängt müde ein gräulicher, schmutziger, zerrissener Vorhang. Man sieht, dass hier einige ungebetene Gäste tätig waren. Kinder sollen Feuer gelegt und dabei den Dachstuhl zum Einsturz gebracht haben. Der Impuls, ebenfalls das Haus zu betreten, ist groß. Dem sollte man aber nicht nachgeben. Zum einen befindet sich die Villa in privatem Besitz, zum anderen hat der Regen durch das teilweise offene Dach ganze Arbeit geleistet, sodass die Villa einsturzgefährdet ist. Im verwilderten Vorgarten steht eine riesige Buche und zeigt durch ihre Vitalität, wer im Kampf von Natur und Mensch den Sieg davontragen wird. Und aus der Schulzeit fallen einem Gedichtsfetzen von Theodor Fontane wieder ein. Dort lässt er drei Hexen auftreten: »Hei! Wie Splitter brach das Gebälk entzwei!« und »Tand, Tand ist das Gebilde von Menschenhand«.

PSYCHO Nicht ohne Grund wird dieses Haus »Geisterhaus« genannt. Es erinnert an ein Dennis-Hopper-Bild, das durch seine malerische Inszenierung unheimlich und bedrohlich wirkt. Hitchcock nahm sich dieses Bild als Vorbild für seinen Film »Psycho«. Er ließ das Haus nachbauen und rankte nach einer Romanvorlage eine Geschichte drumherum. In der ließ er Norman Bates, gespielt von Anthony Perkins, sein Unwesen treiben. Der hatte im wahrsten Sinn des Wortes eine Leiche im Keller, seine Mutter. Wenn Frauen ihm zu nahe kamen, ermordete er sie. Diese Atmosphäre legt sich auch über das Areal am Dieksee. Man macht sich so seine Gedanken. Wer weiß denn schon, ob nicht vielleicht hinter einer der morschen Mauern ein Norman Bates mit seinem riesengroßen Messer wartet? Das will man sich doch ersparen.

WAS NUN? Der heutige Eigentümer hatte ursprünglich die Idee, die Villa zu restaurieren, um ihr den alten Glanz wiederzugeben. Durch den Brand ist diese Überlegung hinfällig geworden. Das Haus ist nicht mehr zu retten. Nach neuesten Plänen soll es abgerissen und das Gelände neu bebaut werden. Wie schade. Es wird ein weiterer magisch-mystischer Ort in Schleswig-Holstein verschwinden. Norman Bates muss sich eine neue Unterkunft suchen.

Das besondere Erlebnis

Wem das zu wenig Horror ist, sollte zu den Universal Studios nach Los Angeles fahren. Dort kann man die Attrappe des Psychohauses mit einem davorstehenden, messerschwingenden Norman Bates besichtigen. Aber wer gibt sich schon mit Attrappen zufrieden. Originale sind doch viel spannender und schauriger, siehe die Osterberg-Villa in Niederkleveez. Die ist nun wahrlich weniger aufwendig mit einem Spaziergang entlang des Dieksees von Malente nach Niederkleveez aufzufinden.

Etwas versteckt im Unterholz werden die Reste der Flakbatterie sichtbar.

14

DIE FLAKBATTERIE-STELLUNG VON BALI

Nahezu unbekannt und vergessen?

Um auf diesen Spuren zu wandeln, muss man nicht zum Indischen Ozean ins tropisch warme Klima mit hoher Luftfeuchtigkeit, dort wo der Dschungel wächst. Es reicht, wenn man kurz vor Lilienthal im Kreis Plön auf ein kleines weißes Schild achtet, auf dem »BALI« steht. So heißt die Straße und auch die Siedlung. Sie ist übersichtlich, denn sie besteht aus vier Häusern.

Bali bei Lilienthal, Kreis Plön **Ort** 24232 Dobersdorf, **GPS** 54.2866422, 10.3054128 **Anfahrt** Von Preetz kommend Richtung Schönberg. Hinter Bredeneek von der Straße Hoheneichen links abbiegen in die Dorfstraße Richtung Dobersdorf, Lilienthal. Vor Lilienthal ist eine grüne Ortshinweistafel »BALI«.

BALI Der Name leitet sich ab von den Wörtern Batterie und Lilienthal, kurz Bali. Hier ist das Klima gemäßigt, die Temperaturen steigen in den wärmsten Wochen durchschnittlich wenig über 20 Grad Celsius. Die Vegetation besteht hauptsächlich aus Nadel-, Misch- und Laubwäldern. Folgt man dem kleinen weißen BALI-Schild, geht man zunächst an einem aufgeforsteten Tannenwald vorbei. Hier standen einmal im Zweiten Weltkrieg die Unterkunftsbaracken von Soldaten der Wehrmacht. Nach einer kurzen Wegstrecke steht man vor einer rot-weißen, verrosteten Schranke, ein Überbleibsel aus vergangener Zeit. Dahinter kommt man auf ehemals militärisches, auf historisches Gelände. Nun ist man im geheimnisvollen Bali. Hier war mal im Zweiten Weltkrieg eine Flugabwehrkanonenstellung, kurz Flak genannt. Die wurde nach dem Krieg gesprengt und aus Sicherheitsgründen mit Erde aufgefüllt. Aber Reste sind noch zu finden. Sinnvoll ist es, den Hinweisen des Rundwegs zu folgen. Auf dem ansteigenden Weg steht gleich links ein überwucherter Bunker, der einmal als Munitionsdepot diente. Die Tür ist verschlossen. Heute haben hier nur Fledermäuse Zutritt. Kurz danach bedarf es besonderer Aufmerksamkeit, um in einiger Entfernung Betonreste zu entdecken. Wer dort im Sommer sucht, dem sei empfohlen, den Weg nach links zu verlassen, da die Natur fast alles verdeckt. Festes Schuhwerk und robuste Kleidung sind anzuraten, da dornige Ranken den Weg versperren.

Verstreut im Gelände sind weitere Überreste zu finden.

Besonders im Winter ergreift einen die Melancholie des Ortes.

ÜBERRASCHUNG IM UNTERHOLZ Plötzlich werden überraschend große Betonteile sichtbar, die Reste eines Flakleitstands. Innerhalb der Betonmauern befindet sich ein kreisrundes Betonfundament von etwa 2 Metern Durchmesser. Schiebt man das dort angesammelte Laub und die Erde zur Seite, entdeckt man eingelassene Bolzen. Diese deuten darauf hin, dass sich hier ein Raumbildentfernungsmesser befand, ein optisches Gerät. Durch zwei Fernrohre entsteht ein stereoskopischer Effekt, der es ermöglicht, die Entfernung zum Objekt zu ermitteln. Solch eine Bettung ist eine Besonderheit, da sie in anderen Flakbatterien bisher so nicht gefunden wurde. Geht man den Rundweg weiter, kann man unweit des Weges einiges entdecken. So findet man unter anderem ein rechteckiges bemoostes Fundament eines Abortes. Weiter sind Trümmer der gesprengten Unterkunftsräume der Mannschaften oder Abluftöffnungen der Bunker zu finden. Eine Betonwand ragt fast zaghaft aus dem moosigen Boden. Verbogene Stahlstränge winden sich wie Schlangen empor. Eine Betonplatte hebt sich vom Boden ab und gibt den Blick in den Untergrund ein wenig frei. Darunter zu sehen und zu glauben, man könne hier etwas entdecken, ist nicht ergiebig. Nur eine Coca-Cola-Plastikflasche mit ihrem roten Verschluss kommt zum Vorschein. Aber die stammt ziemlich sicher aus späteren Zeiten. Nach einigen hundert Metern ist die höchste Erhebung erreicht. Hier kann man sich auf einer Bank niederlassen und einen wunderbaren Ausblick ins weit sich hinstreckende Land genießen. Bei gutem Wetter soll man bis zum Bungsberg, mit immerhin fast 170 Metern der höchste Berg Schleswig-Holsteins, sehen können. Früher führten hier Tunnel zu den Geschützen, die auf die Bomber der Alliierten im Anflug auf Kiel zum Einsatz kamen.

APOKALYPSE Da die Stadt als Marinehafen eine große Bedeutung hatte, war sie vorrangiges Ziel der Angriffe. Die Flakabwehr Bali konnte wohl nicht viel ausrichten, denn es fielen von Juli 1940 bis Mai 1945 etwa 44 000 Sprengbomben, 900 Luftminen und rund 500 000 Brandbomben auf die Stadt. Bomben findet man in Kiel heute noch immer. Der Kampfmittelräumdienst hat jede Woche zu tun. Die Bombenentschärfung war und ist ein gefährliches Unternehmen. Das erkennt man schon am Umfang der Evakuierung aus einer gesperrten Zone. Erst wenn das Areal geräumt ist, können die Bombenentschärfer ihre Arbeit machen. Einige Bomben waren mit einem Kurzzeitzünder ausgerüstet. Die reagierten mechanisch, das heißt, wenn die Bombe aufschlug, wurde ein Stift herausgedrückt, der die Sprengung auslöste. Andere reagierten auf Säure. Beim Aufschlag zerbrach ein Säurebehälter. Die Säure fraß sich nun allmählich in die Bombe, bis sie dann zeitverzögert hochging. Wer heute im ehemaligen Einflugbereich der Bomber ein Haus bauen will, muss für die Baugenehmigung beim Amt nachfragen, ob das Grundstück bombenfrei ist.

Das besondere Erlebnis

Dass in dieser Abgeschiedenheit schreckliche Kriegsereignisse stattfanden, ist zunächst kaum vorstellbar. Die wenigen sichtbaren Hinweise reichen aber, die Vergangenheit wieder lebendig werden zu lassen und entlassen den Besucher nachdenklich. Detaillierte Informationen findet man unter www.bunker-kiel.com oder www.spurensuche-sh.de.

↓ Auf dem Rundweg kann man sich nicht verirren.
↘ Die Betonmauer der Flakbatterie steht wie ein Mahnmal im Gelände.

15

DAS LOVE-AND-PEACE-FESTIVAL VON FEHMARN

Jimi badete nie in der Ostsee am Flügger Strand

Ganz nah an der Ostsee hinter einem Deich steht ein auffallend großer Fels einsam mitten im Gelände, Sehnsuchtsort für Musikbegeisterte und ewig Junggebliebene.

Flügger Strand, Fehmarn, Kreis Ostholstein **Ort** 23769 Flügge **GPS** 54.4603220, 11.0089727 **Anfahrt** Von der Fehmarnsundbrücke kommend, links abbiegen Richtung Petersdorf L209, dem Hinweis Camping Flügger Strand folgen

1970 stand hier die Bühne, auf der Jimi Hendrix sein letztes Konzert gab.

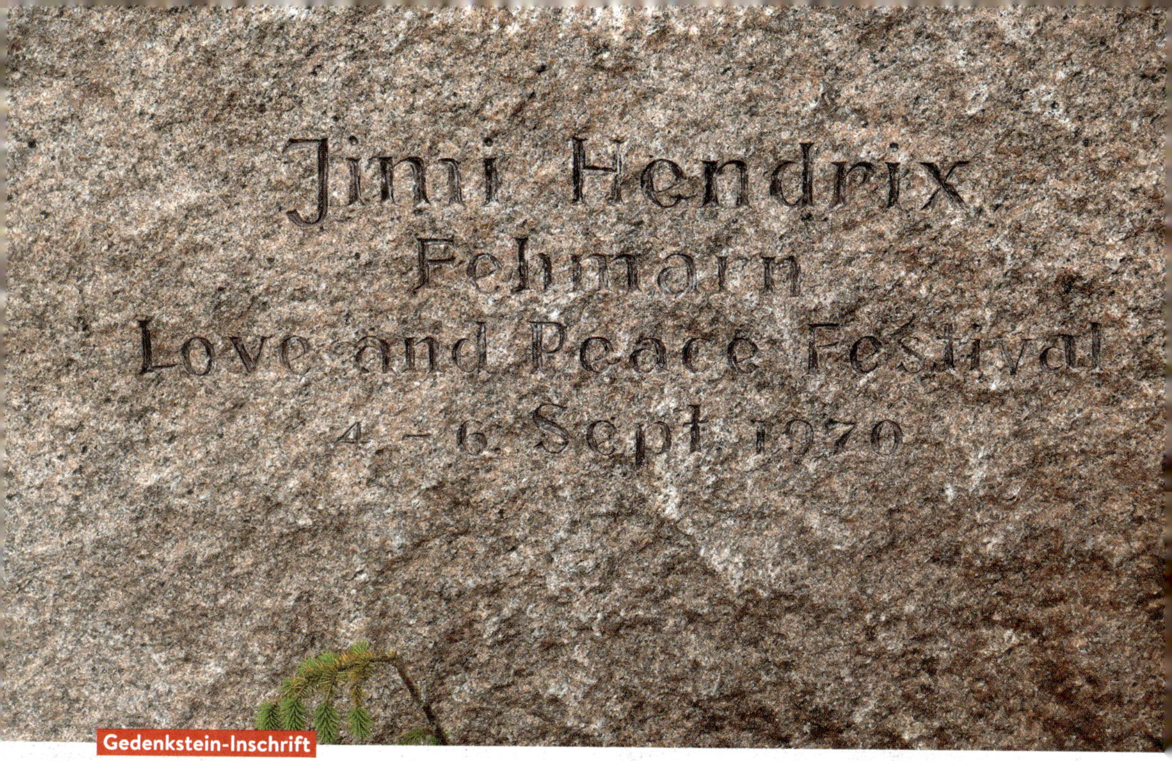

Gedenkstein-Inschrift

THE WIND CRIES MARY Wie war das damals? Als die Haare noch lang und dunkel waren und man glaubte, dass das Leben ewig sei und es nur Gutes für einen parat halte. Nach über 50 Jahren ist man wieder vor Ort, am Flügger Strand. Er ist leicht zu finden. Parken kann man in der Nähe des Leuchtturms. Und da es Mittagszeit ist, kann man sich an einer Imbissbude stärken. Dann macht man sich auf den Weg, auf Jimi Hendrix' Spuren zu wandeln. An einer Straßenabzweigung steht ein Wegweiser. Das obere Schild zeigt eine Sackgasse an, das untere macht auf einen Campingplatz aufmerksam. Dazwischen eingeklemmt zeigt ein kleines Schildchen fast schüchtern den Weg zum Jimi-Hendrix-Gedenkstein. Die Richtung stimmt also. Ein Deich führt den Weg am Campingplatz vorbei. Nach knapp 1000 Metern wird ein großer rötlich grauer Felsstein rechts vom Deich sichtbar. Der Wind zerrt an den Tannen, die dahinter stehen und über die Jahre eine Schräglage eingenommen haben. Der einsetzende Nieselregen unterstützt die melancholische Stimmung. Es beginnt zu regnen. Ein Schirm wäre von Vorteil. Der liegt aber im Auto. Das Ziel ist erreicht. 50 Meter vom Strand entfernt steht ein eiszeitlicher Findling auf einem Feld. Hier stand vor über 50 Jahren die Bühne. In den über zwei Meter hohen Stein geschlagen steht: *Jimi Hendrix / Fehmarn / Love and Peace Festival / 4.–6. September 1970* Darüber ist eine elektrische Gitarre eingemeißelt, eine Fender Stratocaster, die Lieblingsgitarre von Jimi. Die Surfer am Flügger Strand sind davon nicht beeindruckt. Sie lassen sich vom Wind hoch in die Lüfte reißen, landen und heben wieder ab.

JIMIS LETZTER AUFTRITT Vom 4. bis 6. September 1970 regnete es in Strömen, der Wind wehte orkanartig und ließ das Love-and-Peace-Festival zu einer Horrorveranstaltung werden. Die Musik wurde zerfetzt. Als Ginger Baker´s Air Force spielten, zerrissen Böen aus dem Zeltdach der Bühne das Schlagzeugsolo. Für Sekunden war nichts zu

↑ Original-Eintrittskarte von 1970

↗ Auf einem Deich führt ein schmaler Weg zum ehemaligen Festivalgelände.

hören. Absurdes Theater. Die Bühne war drehbar. So konnte sich die nächste Band auf der Rückseite schon vorbereiten und ihr Equipment aufbauen. Alles versank im Regen. Der Boden vor der Bühne war völlig aufgeweicht. Die Marihuana-Wolken waren hier besonders dicht. Die geschätzten 20 WCs waren für 25 000 Leute nicht ausreichend. Mit anderen Worten, die Exkremente quollen über. Entsprechend war die Stimmung. Alexis Korner machte die Ansage und versuchte vergeblich, gegen Regen, Sturm und aggressive Atmosphäre anzugehen. Mungo Jerry spielte: »In the summertime, when the weather is fine«. Hells Angels hatten den Ordnungsdienst übernommen, was für die Laune der Leute nicht gerade förderlich war. Beate Uhse hatte die Veranstaltung gesponsert. Sie war persönlich anwesend und warf von einem Wagen aus Streichholzschachteln und Präservative in die Menge. Jemand warf ihr eine ihrer Streichholzschachteln an den Kopf. »So nicht meine Herren, nicht mit mir.« Beleidigt zog sie sich zurück. In der Nacht spielte irgendwann Canned Heat: »Going up the Country«. Es wurde erbärmlich kalt. Nach ewiger Warterei sollte nun endlich am Sonntagmittag Jimi Hendrix einen Höhepunkt setzen. Die Sonne hatte für kurze Zeit ein Einsehen und zeigte sich von ihrer besten Seite. Sie spendete ein bisschen Wärme.

Fast versteckt und fast vergessen?

Er spielte seine Songs brillant aber ohne Herzblut, fühlte sich genervt, weil er nicht freundlich begrüßt wurde, spielte seinen Spickzettel runter: »Hey Joe«, »Voodoo child«. Wie ein zorniger Gott stand er da in seiner violettfarbenen Samthose, der bunten Jacke und mit dem blauen Stirnband. »Ich kack drauf, ob ihr buht oder nicht. Aber tut das bitte in der richtigen Tonart.« Danach wusste man, jetzt kommt nichts mehr. Bloß weg! Die Massen machten sich auf den Heimweg. Am Ende wurde die Bühne in Brand gesetzt. Der Traum von Love and Peace war gestorben. Jimi starb gut eine Woche später. Fehmarn war sein letzter Auftritt vor großem Publikum.

Das besondere Erlebnis

Und wer dabei war, dem bleibt vielleicht noch eine über die Jahre stark mitgenommene Eintrittskarte und die wichtige Erfahrung, dass im Leben nicht alles so glatt läuft, wie man sich das vorgestellt hat. Und wer weiß, vielleicht hilft es ja, sich mit einem Gettoblaster dort hinzusetzen und für die guten alten Zeiten, die auch nicht immer gut waren, noch einmal »Purple Haze« zu hören. Wer noch mal auf andere Art in die Zeit von damals einsteigen möchte, sollte sich die Dokumentation »Jimis Last Blues« ansehen, Regie: Rasmus Gerlach und Wolfgang Neitzel.

Brudermord in Dithmarschen

16

DER SÜHNESTEIN VON SCHALKHOLZ

Zwei Brüder, ein Mord

Im Mittelalter war es üblich, Sühnesteine, Mordsteine oder auch Mordwange zu setzen, die nach einem Urteil des Gerichts vermutlich dort errichtet wurden, wo einst die Untat begangen wurde.

Schalkholz, Landkreis Dithmarschen **Ort** Finkenburg 10, 25782 Schalkholz **GPS** 54.2372300, 9.2692600 **Anfahrt** Von Heide aus auf die B203 Richtung Tellingstedt, in Tellingstedt links auf die Hamburger Straße Richtung Schalkholz

TATORT In Dithmarschen, da wo die Straße Oesterende auf die Landstraße von Schalkholz nach Tellingstedt stößt, steht ein Stein. Er steht ganz unscheinbar unter einer großen Kastanie. Man würde ihn gar nicht bemerken, vorbeifahren, wenn man nicht direkt nach ihm sucht. Grau steht er da, macht so gar nichts her. Er ist ein typisches Beispiel für ein Sühnemal. Diese gehörten nach mittelalterlichem Recht zum Bestandteil von Sühneverträgen. Man wollte eine Blutfehde zwischen den verfeindeten Parteien vermeiden. Die meisten Sühnesteine erwähnen den Namen des Opfers und die Untat. Der Stein wurde vom Täter oder von den Angehörigen gesetzt als Zeichen der Sühne. Er ist wie eine Nuss, die man knacken möchte, um an ihr Geheimnis zu kommen, denn über die Jahre ist er stark verwittert. Auch nach intensivem Bemühen ist die Inschrift nicht zu entziffern. Irgendwie ist ein IS, ein G zu erkennen, mit viel Fantasie eine »80«, aber sonst? Da hilft das danebenstehende Schild. Es erklärt die Aufschrift: *KARSTENGR / IS GESCHATE DEN / GOT WIL GNEDI A 80.* Unter dem Text ist ein großes Kreuz eingemeißelt, am linken Rand ist ein runenartiges Zeichen. Der Text ist auslegbar, vielleicht: Karsten Gr, der vollständige Nachname ist nicht mehr zu rekonstruieren, ist erschossen worden. Möge Gott gnädig sein. A 80 könnte Anno 1580 bedeuten. Vielleicht deshalb, weil das Schriftbild an die Zeit erinnert. Dürer signierte seine Bilder mit so einem großen A, in das er ein D einbaute. Das A ist wie auf Dürers Bildern in den Stein gemeißelt und der lebte von 1471 bis 1528.

DIE SAGE ERZÄHLT Zwei Brüder, Klaas und Karsten Groth, waren beide in ein Mädchen aus Tellingstedt verliebt. Dem Mädchen war es wohl egal, wer von den beiden ihre Gunst erhielt, und so kam es zum Streit zwischen den beiden. Am Ende zog die schöne Maid dann aber doch den jüngeren Karsten vor. Als Klaas das merkte, wurde er rasend vor Eifersucht und ermordete Karsten. Als Strafe und zur Mahnung musste der Unhold den Stein der Schandtat setzen, denn der sollte für die anderen abschreckende Wirkung haben. Ob Klaas zum Tode verurteilt wurde, ist nicht bekannt. Vielleicht hat er eine »Mannbuße« erhalten. Nach dem damaligen Recht konnte das eine Geldbuße sein, die der Täter als Sühne zu zahlen hatte. Das Geld ging von der Familie der »lebenden Hand« an die Familie der »toten Hand«. Die Todesstrafe wurde bei Brandstiftung, Ketzerei, Sodomie oder Mord angewendet. Die Arten der Vollstreckung waren sehr vielfältig, von lebendig einmauern, steinigen, Sturz von der Stadtmauer, lebendig begraben, aufhängen, pfählen, vierteilen bis hin zum Verbrennen auf dem Scheiterhaufen. Das Ereignis um Klaas und Karsten erhielt sich über all die Jahre in den Köpfen der Menschen. So schrieb Klaus Groth, Lyriker und niederdeutscher Dichter aus dem 19. Jahrhundert, zu dem Vorfall in Schalkholz ein Gedicht, von dem die letzte Strophe so geht: *Bi Schalkholt oppe Heiloh / Dar liggt de Steen so grot, / Dar schot he Sünndagsmorgens / Sin egen Broder dot.* Hochdeutsch: Bei Schalkholz auf der Heide / Da liegt der Stein so groß, / Da schoss er Sonntagmorgens / Den eignen Bruder tot.

Das besondere Erlebnis

Ein paar Kilometer entfernt steht in Hennstedt-Pferdekrug ein weiterer Sühnestein aus dem Jahr 1630. Die Inschrift ist ziemlich verwittert. Auch dort ist ein Mensch erschossen worden, die Beschriftung lässt aber keinen weiteren Rückschluss auf die Identität des Täters oder Opfers zu. Das Kreuz auf dem Stein soll den Besucher auffordern, für das Opfer zu beten.

17

DIE BUNKER VON KIEL

Düstere Vergangenheit

Sirenengeheul im Zweiten Weltkrieg kündigte den nahenden Tod an. Die Bevölkerung lief um ihr Leben und suchte Schutz in den Bunkern.

Kiel, Stadt Kiel **Ort** Kiellinie 249, 24106 Kiel-Wik
GPS 54.3547343, 10.1390813 **Anfahrt** Vom Kieler Hauptbahnhof, Kaistraße, Wall, Düsternbrooker Weg, Kiellinie, Ziel auf der linken Seite

Der Flandernbunker

↑ Bunker 2 in Gaarden, Sandkrug 19, Ecke Raaschstraße
↗ Bunker 3 in Gaarden, Iltisstraße, Preetzer Straße

UNGEHEUERLICHES MONSTER Es gibt acht Hochbunker in Kiel, in denen die Menschen von 1940 bis 1945 Schutz suchten. Drei sollen hier beschrieben werden. Erste Station ist der Flandernbunker. Er ist in seinem ursprünglichen Zustand erhalten. Unfreundlich grau steht er da. Der wurde von 1941 bis1943 errichtet. Die Wände sind 2,50 Meter stark, die Decke sogar 3,70 Meter dick, seine Höhe beträgt 12,50 Meter. Der Bunker bot 750 Marinesoldaten Schutz, die von den Schiffen des nahegelegenen Tirpitzhafens kamen. Wie eine einäugige Kröte aus der Unterwelt glotzt sie heute den Besucher an. Kalkausblühungen zeichnen abstrakte Muster auf den hässlich grauen Betongrund, in dem man noch die Verschalung vom Bau erkennen kann. An einigen Stellen haben sich wie in einer Tropfsteinhöhle weiße Stalaktiten gebildet, an deren Ende wässrige Kalktropfen hängen. Rechts vom Eingang ist der Efeu bereits bis auf das Dach gewachsen.

BEGRÜSSUNG MIT HITLERGRUSS Seinen Namen hat er von dem »Marinekorps Flandern«, das im Ersten Weltkrieg in Belgien in der Küstenregion die Stellung bis zum Ende gehalten hatte. Ein Schild erklärt die Funktion des Bunkers und die Umstände der damaligen Zeit. Hier war die Zentrale des Marineoberkommandos Ost, die für den Ostseeraum zuständig war, ebenso für die Organisation der Flüchtlingsschiffe. Am Ende des Krieges durften auch Zivilisten den Bunker nutzen. Des Weiteren ist ein Erlaubnisschein abgebildet. Der galt für Frau Wilma Garbers, für zwei Kinder und eine Hausangestellte. Sie durften den Bunker bei Fliegeralarm vom Osteingang betreten. Das Wehramtskommando Kiel übernahm aber keinerlei Haftung für etwaige Unfälle bei einem Aufenthalt im Bunker. Der Ausweis hatte Gültigkeit bis zum 31. Dezember 1944. Ausgestellt am 21. April 1944 vom Wehrmachtskommandanten von Kiel. Im Auftrage: unleserliche Unterschrift, Korvettenkapitän M. A. und Standortoffizier. Das Ganze war mit einem Siegel der Kriegsmarine versehen. Das hatte in der Mitte einen Adler mit gespreizten Flügeln, der auf einem Eichenkranz saß, in dem sich ein auf die Spitze gestelltes Hakenkreuz befand. Am 7. Mai 1945 musste der Generaladmiral Oskar Kummetz das Kommando an den britischen Konteradmiral Tom Baillie-Grohmann übergeben. Er empfing den Briten mit Hitlergruß. Dieses merkwürdige Gebaren wurde mit sofortiger Wirkung abgeschafft. In den Bunker wurden später Löcher in Decke und Wände gesprengt, um ihn für militärische Zwecke unbrauchbar zu machen. 1989 erklärte man die Ruine zum Denkmal.

MAHNMAL Die zweite Station befindet sich im Stadtteil Gaarden, Sandkrug 19, Ecke Raaschstraße. Dort liegt ein weiterer Klotz aus grauem Beton. Er wurde 1940/41 errichtet. Über 600 Werftarbeiter konnten hier hinter 1,40 Meter starken Wänden während des Krieges Schutz suchen. Das Innere ist nicht zu betreten. Man muss heute auch hier mit dem Klotz leben, ob man will oder nicht. Ignorieren geht nicht, dafür ist der Bunker zu groß. Was macht man mit einem solchen Monstrum? Sprengen geht nicht, zu stabil, zu gefährlich. So bleibt das Ärgernis stehen. Ein Mahnmal daraus machen? Ja, aber wie? Man kam auf die Idee, mit Kindern und Jugendlichen die globalen Ziele einer besseren Welt zu erarbeiten und in einem riesigen Gemälde von professionellen Street-Art-Künstlern abbilden zu lassen. Der Bunker wurde bemalt. Auf der Darstellung dominiert Justitia. Sie wacht über die Gerechtigkeit, dargestellt durch die Waagschale, die sie vor sich hält. Der Hintergrund ist schwarz gehalten, aus dem sich mittig eine aufgehende Sonne über einer intakten Natur erhebt. Efeu wächst in das Gemälde hinein und verstärkt somit die Forderung nach Harmonie zwischen den vielfältigen Lebewesen auf dieser Welt. Eine große fragile Pusteblume wächst rechts aus einem Buschwerk hervor, das die Menschheit daran erinnern soll, das Wunderwerk Natur zu beschützen und zu erhalten. Und über allem schwebt rechts oben eine weiße Friedenstaube.

Flandernbunker

Flandernbunker

Bunker 2

NACKTER FRAUENKÖRPER OHNE KOPF

Die dritte Station liegt an der Kreuzung Iltisstraße/Preetzer Straße, ebenfalls in Kiel-Gaarden. Hier steht der Iltisbunker, erbaut im Zweiten Weltkrieg für 670 Personen. Dieser Bunker fällt auf durch ein überdimensionales Bild, das sich von der Preetzer Straße bis um die Ecke zur Iltisstraße hinzieht. »Revolution und Frieden« heißt es und erinnert an den Matrosen- und Arbeiteraufstand von 1918. Das Monumentalwerk ist von Shahin Charmi, einem Multimediakünstler. Auf der Seite zur Preetzer Straße richten sich unzählige Gewehrläufe auf den Betrachter, dahinter Gesichter, die zum Teil durch Stahlhelme verdeckt sind. Ihre Handhaltung deutet an, dass sie zu allem bereit sind und ohne zu zögern schießen würden. Dahinter Gustav Noske, der die Revolution in Kiel im Keim ersticken sollte, was ihm nicht gelang. Daneben ein kopfloser Frauenkörper. Das

Bild zur Iltisstraße zeigt im oberen linken Teil Rosa Luxemburg, die 1919 ermordet wurde. Daneben wieder ein nackter Frauenkörper, ebenfalls ohne Kopf. Das Zentrum wird durch ein maschinenartiges Metallkonstrukt gefüllt, rechts davon die entschlossen blickenden Matrosen. Über ihren Köpfen weht die rote Fahne. Es stößt wie immer bei solchen politisch orientierten Monumentalbildern auf Zustimmung oder Ablehnung. Frauenfeindlich und belästigend sei es, sozialistischer Realismus. Die andere Seite sieht gerade in dieser Form die Möglichkeit für den Betrachter, sich mit jüngster Vergangenheit kritisch auseinanderzusetzen. Da das Gemälde nun schon über die Jahre allmählich verblasst, an einigen Stellen ist zu großen Teilen schon die Farbe abgeplatzt und es kommt der nackte Beton wieder zum Vorschein, überlegt man, was zu tun ist. Eine Forderung lautet, das Bild wieder zu restaurieren, mit Farbe aufzufrischen. Übermalen und durch eine idyllische Fördelandschaft ersetzen, sagen die anderen. Das Gemälde ist inzwischen denkmalgeschützt. Es darf somit nicht verändert werden.

Das besondere Erlebnis

Beim Besuch der drei Bunker fühlt man die Bitterkeit der Zeit fast körperlich, unter der die Menschen gelebt haben. Dieses Gefühl verstärkt sich, wenn man den zum Museum umgebauten Flandernbunker besucht, der nahezu im ursprünglichen Zustand erhalten ist. Ein authentisches Stück Kriegsgeschichte wird einem anschaulich nahegebracht. Genaueres findet man unter www.ostsee.de/kiel/flandernbunker.

↓ Der Bunker 3: Der Matrosenaufstand von Kiel wird thematisiert.

↘ Seitenansicht von Bunker 3

Die verfallenen Nebengebäude des Hotels

18

VERLASSEN UND VERFALLEN

Das Berghotel am Krummsee

Wenn der Turm des einstigen Hotels ein Lebewesen wäre, könnte man sagen, dass er tieftraurig und verzweifelt vor sich hinstarrt, eine tragische Figur. Doch noch steht er. Wenn jetzt nichts passiert, wird ihn die Zeit in die Knie zwingen.

Krummsee, Kreis Ostholstein **Ort** 23628 Krummsee, Bruhnskoppeler Weg **GPS** 54.1961297, 10.6054575 **Anfahrt** Von Malente kommend, Richtung Krummsee, dort in der Rövkampallee links abbiegen in die Straße Am Hängebargshorst, wieder links abbiegen in den Bruhnskoppeler Weg

DER GLANZ DER ALTEN ZEITEN IST GEGANGEN Die Gebäude auf dem Bergrücken zwischen Krummsee und Malkwitz gucken sinnentleert in die Gegend. Hier war einmal ein stolzes Hotel, das Hotel Bruhnskoppel, auch Berghotel Bruhns' Koppel genannt. Es hatte Tradition, schon seit 1870 existierte es. Klaus Groth, der niederdeutsche Dichter, war hier im 19. Jahrhundert öfter zu Gast. Heute ist es verlassen und eine Ruine. Es hatte doch alles, ein Hallenbad, eine ambitionierte Küche, Terrasse, Café, Bibliothek, modern eingerichtete Zimmer mit Dusche, auch ein hoteleigener Steg am See mit Liegewiese war vorhanden. Tennisplatz und Ruderbootverleih konnten für körperliche Betätigung genutzt werden, eine Sauna sorgte für Entspannung. Wie ist es dazu kommen, dass es so jämmerlich enden musste? Was vermisste man an diesem Ort? War es die Abgeschiedenheit, das Fehlen an Ablenkung wie Window Shopping, die Flaniermeile, auf der man sich zeigen kann, der Strand am Meer, an dem man sich auf dem Jahrmarkt der Eitelkeiten in Szene setzen kann? Lag es daran, dass hier Badehose, Bikini, Sonnenöl und die leichte Brise vom Meer fehlten? Wie auch immer, es kam 2010 zur Zwangsversteigerung. Der neue Besitzer plante zunächst ein Landhaus-Hotel. Dazu kam es aber nicht, und so wurde alles, was man zu Geld machen konnte, verkauft. Sogar die Bäume, die auf dem Grundstück standen, wurden gefällt und das Holz verkauft.

RATTENGESCHMACK Der im 19. Jahrhundert lebende amerikanische Schriftsteller Henry Wadsworth Longfellow hat ein Gedicht über »Hausgespenster« verfasst. Da heißt es in den ersten Zeilen sinngemäß: »Wo je Menschenschicksale ihr Ende fanden, belebt das Haus ein Spuk! Durch die

Hier ist nichts mehr zu retten.

offenen Türen gleiten die Phantome auf ihren Besorgungen mit Füßen, die auf den Böden kein Geräusch machen. Sie grüßen

Einsturzgefahr! Vom ehemaligen Glanz des Hotels bleibt nur eine Ahnung.

uns auf den Treppen. In den Hallen geheimnisvolles Weben wie im Traum, ein ewig sanftes Auf- und Niederwallen!« Das passt im Moment genau in die schwermütige Stimmung dieser grauen, nebligen Holsteiner Landschaft und zu den Häusern, die nach Rattengeschmack, fauligem Holz und Hausschwamm aussehen und sehr unwillig und bockig dastehen. Auch wenn hier vermutlich keine Geister von toten Seelen herumschwirren, so wird das Hotel aber mit Sicherheit schicksalhafte Begegnungen erlebt haben und verkraften müssen. Es will in seinem Elend nicht auch noch begafft werden. Das Schicksal des Verfalls ist schon schwer genug zu ertragen. Bauzäune sind aufgestellt und riesige Spuren von schweren Maschinen sind im klebrigen Lehmboden zu erkennen. Das Buschwerk zwischen den Häusern ist runtergeschnitten. Was tut sich hier? Wird jetzt alles abgerissen? Soll man nicht vorher noch schnell das Gelände betreten, um unwiederbringliche Bilder zu machen? Das ist doch bestimmt wieder mal verboten. Oder? Und plötzlich meint man, Stimmen zu hören, die einem zuraunen: »Komm herein, gar schöne Dinge zeig ich dir.« Doch der Geist des ewigen Untertanen siegt, er lässt sich nicht unterkriegen, wenn auch nach langem Ringen.

Das besondere Erlebnis

Wer weiter auf den Spuren der Hotelgeister wandern will, sollte den Weg am Gelände vorbei zur Waldbadestelle am Krummsee gehen, gehörte sie doch einmal zur Hotelanlage. Hier fanden die Hotelgäste im Naturgewässer Abkühlung. Auch heute findet man einen kleinen, unbewachten Sand- und Kiesstrand, einen langen Holzsteg mit einem Sprungbrett und eine Badeinsel vor. Das Wasser des Sees soll von sehr hoher Qualität sein, es wird regelmäßig getestet. Hier kann man ein bisschen dem Hotel nachtrauern, das dem Schicksal des langsamen Todes folgt, wie letztendlich alles auf der Welt.

Der Vandalismus hat auch hier zugeschlagen.

19

DIE TANKSTELLE VON BAD MALENTE

Verfall im Unterholz

Mitten in der prachtvollen Natur der Holsteinischen Schweiz, einer landschaftlich besonderen Wohltat für das Auge, steht am Ortseingang zum Kur- und Erholungsort Bad Malente, für Vorbeifahrende nahezu unsichtbar, ein bauliches Schreckgespenst.

Bad Malente, Kreis Plön **Ort** Plöner Straße, 23714 Bad Malente-Gremsmühlen **GPS** 54.1573497, 10.5413537 **Anfahrt** Von Plön kommend, auf der B76 links abbiegen, Richtung Malente. Auf der Plöner Straße in Richtung Bad Malente-Gremsmühlen, kurz vor dem Ortsschild linker Hand

Überreste der ehemaligen Tankstelle

Treppenabgang hinter der Tankstelle

GUT VERSTECKT Bad Malente, bekannt geworden als Kurort und durch das Vorbereitungs-Fußballhauptquartier der deutschen Nationalmannschaft 1974, idyllisch gelegen zwischen Dieksee und Kellersee. Hier erwarten den Besucher gepflegte Kuranlagen, gehobene Hotelanlagen, Ruhe und Idylle. Was der Tourist aber auch finden kann, sind Lost Places. Solch ein Lost Place befindet sich gleich vor dem Ortsschild an der Plöner Straße. Da auf den ersten Blick nicht sichtbar, muss man wissen, wonach man sucht. Dort steht sie – die Tankstelle. Bei dem Anblick fährt einem der Schreck durch die Glieder. Das kann doch nicht wahr sein, dass solch ein Schandfleck in dieser Gegend vor sich hin modert. Nichts an ihr ist spektakulär. Die Natur zeigt sich hier gnädig, ist längst übergriffig geworden und hat alles für sich vereinnahmt, so als ob sie sich wegen der Verschandelung schämt und nun den Mantel des Vergessens darüberlegen will. Ein Zweckbau, vermutlich entstanden in der Nachkriegszeit, wo sich langsam neues Leben zu regen begann. Der Wirtschaftsaufschwung hat diesem Bau Sinn gegeben, denn Autos brauchen Werkstätten und Benzin. Ohne sie läuft nichts. Betritt man den Ort, deutet nichts auf eine Katastrophe hin. Die Türen verschließen einem nur halbherzig den Zugang, den schon einige Chaoten gegangen sind. Graffiti verzieren die Wände, die Scheiben sind eingeschlagen. Es tropft durch die Decke auf vergammelte Matratzen, auf denen Anzeigenblätter liegen. Putenfrikadellen, die 400-Gramm-Packung 2,79 Euro, und beim Kauf von fünf Beuteln »Maggi fix & frisch« erhält man eine Schere gratis, solange der Vorrat reicht. Von einer leeren Zigarettenschachtel erfährt man: »Wenn Sie rauchen, schaden Sie Ihren Kindern, Ihrer Familie, Ihren Freunden.«

CHAOS Herausgerissene Stromanschlüsse und sinnlos gewordene Rohre verstauben langsam im grauen Betonstaub, der sich wie

Die ehemalige Zufahrt ist von der Natur vereinnahmt.

Patina über alles legt. Der größte Raum war wohl ursprünglich der Geschäftsraum, in den man als Kunde musste, um sein getanktes Benzin zu bezahlen. Vor dem großen Fenster ist ein Metallgitter gezogen, ein seitlich daneben liegender Raum könnte eine Werkstatt gewesen sein. Sie ist gekachelt und hat eine große Öffnung zur Straße hin. Eine Tür, die man früher seitlich verschieben konnte, schließt nun sehr unvollkommen den Weg nach draußen. Darauf ist eine verspakte Spanplatte genagelt. »Koi« hat jemand darauf gesprayt. »Koi«? Ein Fan der japanischen Fische? Von den Außenwänden bröckelt die Farbe. Ein nicht mehr funktionierender Wasserhahn unterstützt den trostlosen Eindruck. Hinter dem Gebäude ist eine Treppe zu erahnen, die mit halb eingegrabenen Autoreifen eingefasst ist. Im Profil der Reifen hat sich Moos angepflanzt.

Vor dem Gebäude liegt ein abgebrochener Metallmast, an dem wohl einmal das Schild von Esso, BP oder Aral hing. Jetzt hat sich dort eine Weinbergschnecke niedergelassen, die langsam ihren Weg sucht. Der Auffahrweg zur Tankstelle ist nur schwer unter Klee, Gras, Ackerwinde und Kamille zu finden. Ab und an zeigt eine Bordsteinkante den ursprünglichen Weg. Wo die Zapfsäulen einmal waren, ist nur noch zu erahnen. Direkt daneben ein verrostetes landwirtschaftliches Gerät mit einem blechernen Schild mit der Aufschrift »Landhaus Hof

↑ Der ehemalige Eingang zum Kassenraum
↗ Ästhetik des morbiden Verfalls

Vierth, Urlaub auf dem Lande, Zimmer + Appartements«.

WARUM WURDE DIESER ORT VERLASSEN? Lässt man den Blick auf die andere Straßenseite schweifen, sieht man den Zucht- und Reitstall »Hof Vierth«. Seit 2007 gibt es hier eine neue Besitzerin. Der ehemalige Eigentümer ist verstorben. Ihm gehörte auch die Tankstelle. Diese ist nach wie vor im Besitz der Erben. Sie weiterzuführen, war augenscheinlich nicht geplant. Anzunehmen ist, dass es hauptsächlich wirtschaftliche Gründe waren, sie aufzugeben. Immer weniger Autofahrer nutzen die Nebenstrecken. Der moderne Autofahrer sucht schnellere Wege, um von A nach B zu kommen. Er tankt an den breiten Durchgangsstraßen.

Das besondere Erlebnis

In dieser tristen Umgebung macht es Sinn, sich den Tankstellensong von Friedrich Liechtenstein anzuhören. Es besteht allerdings die Gefahr, dass man sich einen Ohrwurm einfängt. »1000 Liter« heißt der Song. Selbst Tanzverweigerer werden anfangen, sich rhythmisch und mitsummend durch die skurrilen Überreste der Tankstelle zu bewegen. Und wer nicht genug davon bekommen kann, sollte sich auch noch die französische Version von dem Lied anhören: »Tuut Tuut!«

Eingang zur Grabkammer

20

DAS MEGALITHGRAB VON KARLSMINDE

Ein Besuch in der Frühzeit der Menschheitsgeschichte

Wie ein gelandetes Raumschiff aus einer fernen Zeit liegt sie da – die vorgeschichtliche Anlage von Karlsminde. Rätselhaft bleibt sie.

Karlsminde, Kreis Rendsburg-Eckernförde **Ort** 24369 Waabs **GPS** 54.5057517, 9.92399906 **Anfahrt** Von Eckernförde kommend in Richtung Waabs auf der L26, nach etwa 5 Kilometern nach rechts abbiegen in Richtung Karlsminde. Nach einigen hundert Metern erreicht man das Hünengrab auf der linken Seite.

LAND DER RIESEN Nicht alle der hügeligen östlichen Gebiete des Landes sind in der Eiszeit entstanden. Hier hat der Mensch schon seit Urzeiten eingegriffen. In der vorgeschichtlichen Zeit stapelte er gewaltige Felssteine auf- und aneinander, sodass geschützte Innenräume entstanden, die Hünengräber. Das niederdeutsche Wort Hunebedden, gleich Riesenbetten, Gräber der Riesen, erklärt den Ursprung der heutigen geläufigen Namensverwendung. Auch der Begriff Megalithgrab wird benutzt, abgeleitet aus dem Griechischen: mega – groß, lithos – Stein. Einzelgräber, aber auch lang gestreckte Gemeinschaftsgräber wie in Karlsminde wurden in der Frühzeit angelegt. Vielleicht waren sie auch für die Huldigung der Götter gedacht. Götter gnädig zu stimmen, kann nie verkehrt sein, dachte man sich wohl. Es entstanden magische Orte, an denen die verstorbenen Seelen ihre Ruhe finden sollten. Hünengräber findet man oft an besonders auffälligen Plätzen, auf Berghügeln oder an Wegstrecken, auf denen die Menschen ihre Handelsgüter zu ihren Kunden transportieren konnten und ihnen dadurch ein wirtschaftliches Auskommen möglich war. So war für Orientierung auf den Handelswegen, aber gleichzeitig auch für die Seele gesorgt. In Schleswig-Holstein gibt es heute noch über 400 Hünengräber. Über 35 000 Megalithe sind über ganz Europa verteilt.

MUSKELKRAFT UND PHYSIKALISCHE GRUNDKENNTNISSE Die Anlage in Karlsminde zeigt eine besondere Form eines Hünengrabs, das Langbettgrab. Es liegt auf einer Anhöhe, auf einem Feld, das landwirtschaftlich genutzt wird. Von der Straße aus kann man es sehen. Wer nicht danach sucht, wird einfach vorbeifahren. Wer offen für Besonderheiten der Umgebung ist, wird daran nicht vorbeikommen. Aus Aufmerksamkeit wird Interesse. Man folgt einem Wegweiser, der auf einen schmalen betonierten Weg zeigt. Nach kurzer Wegstrecke steht man dann vor dem prähistorischen Artefakt. Es ist etwa 2500 v. Chr. entstanden, ein steinernes Kunstwerk. Es hat die Jahrtausende mehr oder weniger unbeschadet überdauert. An einigen Stellen ist die Anlage restauriert. Für die Seitenabstützung wurden gewaltige Granitsteine verwendet, für die Decke besondere glatte Steinplatten. Der Boden ist aus Lehm gestampft, auf dem kleine Steine und vertrocknetes Laub liegen. Um die ganze Anlage in ihrem Bestand durch Natureinflüsse wie Regen, Sonne und Wind nicht zu gefährden, bekam sie eine dachartige Konstruktion aus Erde und Bewuchs, sodass die Unbilden des Wetters an ihr ablaufen konnten. Es brauchte Voraussetzungen, um solche Meisterwerke zu schaffen. Man geht davon aus, dass die Seitensteine

Findlinge reihen sich zur Begrenzung der Gräber aneinander.

beim Bau auf Baumstämme gewuchtet wurden und somit wie auf Rollen bewegt werden konnten. Einige der Megalithen sind bis zu 2,5 Tonnen schwer. Zum Aufrichten brauchte es Muskelkraft und Grundkenntnisse über Hebelwirkungen, eine Meisterleistung der Menschen aus der Jungsteinzeit. Die Deckensteine wurden über aufgeschüttete Rampen mit der Zugkraft von Ochsen und Pferden hinaufbefördert, das Erdreich anschließend wieder abgetragen.

FELSENREIHEN Von riesigen Eichen umsäumt, steht die Anlage heute da, 60 Meter lang, 5 Meter breit, 2,50 Meter hoch. Die Kammern des Grabes waren die Ruhestätten der Verstorbenen, in die man auch die Schätze der Verstorbenen legte. Das konnten Tonwaren, Schmuck oder auch Gebrauchsgegenstände sein. Zwei Gräber können betreten werden. Um in das Innere zu kommen, muss man sich aber kräftig ducken und darf sich nicht daran stören, dass man sich schmutzig machen könnte. Das kann man am Tage tun. Aufregender wird es aber wohl bei Dämmerung oder bei Nacht. Man schleicht sich in ein Grab, entzündet eine Kerze und hofft darauf, dass die Geister der

Die Megalithgräber fügen sich harmonisch in die norddeutsche Landschaft.

Verstorbenen durch das Licht neugierig werden und man sie befragen kann. Warum nahmen die Erbauer solche Strapazen auf sich? Warum habt ihr euren Toten einen solchen aufwendigen Ruheplatz gegeben? Lag es an eurem Glauben, der euch Orientierung gab und euch darin bestärkte, im Jenseits für immer zu existieren? Man wird es wohl nie erfahren, denn Geister schweigen. Es wird für immer im Dunklen und gespenstisch bleiben. Und wenn der böige Wind um die Grabanlage weht, könnten fantasievolle Wesen im Glauben bestärkt werden, dass Götterchef Odin hier nach dem Rechten sieht.

Das besondere Erlebnis

Auf einem Schild bei der Anlage wird auf die »Straße der Megalithkulturen« hingewiesen, offizielle Bezeichnung »Megalithic Route«. Sie soll zu einem besseren Verständnis der Menschen beitragen, die vor über 5000 Jahren in dieser Gegend gelebt haben. Hierzu gehört auch die Grabanlage von Karlsminde. Wenn man »Archäologisches Landesamt Schleswig-Holstein« im Internet aufruft, wird man zum Projekt »Megalithic Routes« geführt. Hier erfährt man mehr zu dieser Thematik.

21

NORDSEE – MORDSEE – RUNGHOLT

Und über dem Meer singt grau der Wind sein Lied

Rungholt – das Atlantis der Nordsee? Wahrheit oder Legende?

Nordstrand, Kreis Nordfriesland **Ort** Fährhafen Strucklahnungshörn, 25845 Nordstrand **GPS** 54.4978101, 8.8080761 **Anfahrt** Mit dem Auto von Hamburg auf der A23 bis Husum, dann der Beschilderung nach Nordstrand folgen. Dort zum westlichsten Punkt der Halbinsel fahren und nach Rungholt Ausschau halten

Die Gewalt der See wird bei Sturm sichtbar.

Ausgrabungen im Wattenmeer

GAB ES RUNGHOLT? Die Nordfriesischen Inseln und ganz Schleswig-Holstein verdanken ihre Existenz den Eiszeiten – durch Gletscher, Sedimente der Eisschmelze und Landanschwemmungen der Nordsee entstanden, an denen die Sturmfluten aber immer wieder nagen. Ein fragiles Geotop zwischen den Meeren, dem unter anderem Rungholt zum Opfer gefallen sein soll. Rungholt, ein Ort mit geschätzt gut 2000 Bewohnern, der im 14. Jahrhundert durch eine Sturmflut versunken ist? Um diese Frage beantworten zu können, macht es Sinn, das Nissen-Haus in Husum, Herzog-Adolf-Straße 25, zu besuchen. Für einen, der es genau wissen will, ein »Muss«, für einen normalen Touristen interessant und von hoher Anschaulichkeit. Ein Teil des Museums beschäftigt sich mit Rungholt. Es belegt anhand von Fotos, Exponaten, alten Karten und Interviews mit Forschern, dass es den Ort wirklich gab. So angeregt, will man mit eigenen Augen sehen, wo Rungholt von der See einst verschlungen worden ist. Dazu braucht es eine Anfahrt zur Halbinsel Nordstrand. Im Hafen Strucklahnungshörn im Westen liegt der Fährhafen zur Insel Pellworm. Die Küste der Insel ist gut zu erkennen. Bis dahin sind es nur ein paar Kilometer. Der Blick von dort nach links gerichtet, lässt die Hallig Südfall am Horizont erkennen, zerbrechlich wie eine Nussschale in der unheimlichen Nordsee, verloren in den Weiten des Wattenmeeres. Kaum vorstellbar, dass sich hier die Inseln und Halligen überhaupt halten können. Und noch unvorstellbarer ist es, dass dort einmal eine der größten Ansiedlungen in Schleswig-Holstein gelegen haben soll. Dort, wo sie bis 1362 gewesen sein mag, fließt heute ein tiefer breiter Wasserweg, ein Priel, der seinen Weg durch das Watt sucht und findet. Da blieb nicht viel übrig von den Menschen, den Ansiedlungen, von Ackerbau, Viehzucht, Fischerei und Salzhandel. Nur ab und an wird heute noch an die Existenz des Ortes erinnert, in dem die Nordsee Ruinenreste von Brunnen und Gräben, Knochen von Haustieren, Gefäßen und Ziegelsteinen freigibt.

Antike Karte, die die ehemalige Lage von Rungholt zeigt

Die grauen Flächen auf der Karte zeigen das Wattenmeer Schleswig-Holsteins.

Sonst hat die See alles gefressen und unter dicken Schlickschichten begraben.

BESOFFENES SCHWEIN Die Legende erzählt, dass Rungholt eine reiche, große Stadt war. Da die Menschen glaubten, ohne Gott leben zu können, wurden sie unverschämt und dreist. Sie glaubten sogar, dass die Nordsee einen Bogen um sie machen würde. Sie sollte gefälligst akzeptieren, dass hier außergewöhnliche Menschen lebten, die gottgleich sind. Pastor Anton Heimreich verfasste 1666 dazu eine Sage. Sie erzählt, dass einst ein junger schüchterner Pastor in Rungholt seine erste Stelle antreten sollte. Betrunkene junge Kerle machten ein Schwein besoffen und legten es in ein Bett. Sie riefen den Pastor, der dem Schwein das letzte Abendmahl geben sollte. Er weigerte sich, wurde aber gezwun-

Fundstücke von Rungholt

gen, die Büchse mit den Hostien herauszugeben. Die füllten sie mit Bier und zwangen ihn, daraus zu trinken. Der Pastor beklagte sich bei Gott über das perfide Treiben. Der erhörte ihn und gab ihm den Rat, die Insel auf der Stelle zu verlassen, was er auch tat. Danach stürzte eine Sturmflut herein und zerstörte das reiche gottlose Rungholt. Die Kirchenglocken von Rungholt sollen manchmal zu hören sein, wenn man hier nachts mit einem Boot unterwegs ist. Die Realität ist wohl eine andere. Durch Landabsenkungen, steigende Wasserstände, Torf- und Salztorfabbau gab es für die Rungholter keine Überlebenschance. Besonders der Abbau des Salzmoorbodens wurde ihnen zum Verhängnis. Da der Moorboden oft vom Meer überspült wurde, enthielt er viel Salz. Der wurde abgebaut, getrocknet und verbrannt. Die zurückbleibende Asche wurde mehrfach mit dem Salzwasser der Nordsee vermischt, um die Konzentration des Salzgehaltes noch zu erhöhen. Die Salzlösung ließ man in Siedewannen verdampfen. Zurück blieb das Salz. Ein Rohstoff, mit dem man gut Handel treiben konnte. Ihre Landsicherung hatten sie darüber aber vernachlässigt oder ganz vergessen.

Das besondere Erlebnis

Detlev von Liliencron hat in seiner Ballade »Trutz, Blanke Hans« Rungholt zum Thema gemacht. In neun Strophen beschreibt er sehr eindrucksvoll die Macht der Nordsee, die zur Mordsee werden kann. Achim Reichel hat in seinem Musikalbum »Regenballade« diesen Text vertont.

Die Küste Bookniseck.
Hier strandete das Schiff aus Danzig.

22

DIE SCHIFFSKATASTROPHE BEI BOOKNISECK

Das Schiff aus Danzig

Diese Reise ist keine Erholungstour. Ihr Ziel bringt uns mit dem düstersten Teil der jüngeren deutschen Geschichte zusammen.

Bookniseck, Kreis Rendsburg-Eckernförde **Ort** 24369 Waabs **GPS** 54.5604146, 10.0259414 **Anfahrt** In Eckernförde Ausschilderung nach Damp der L26 folgen, Parkplatz Fischleger. Auf dem Strandweg in südliche Richtung am Campingplatz vorbei. Am Ende des Platzes führt eine kleine Holztreppe zum Strand.

URLAUB Am Strand von Bookniseck kann man sich erholen, da, wo die Eckernförder Bucht übergeht in die offene Ostsee. Eine Mischung aus Meerwasser und Sonnenöl wabert durch die Luft. Wind, Sonne, Wellen, was will man mehr? Vielleicht noch ein Eis oder eine Currywurst mit Pommes? Und dazu ein Bier? Der Blick über die Ostsee beruhigt die Seele. Weit draußen segeln Schiffe nach Schleimünde, Strande oder Dänemark. Schmetterlinge tanzen durch die Luft. Man kann am Strand flache, runde Steine suchen und sie, je nach Geschick, werfen, sodass sie mehrfach auf der Wasseroberfläche aufschlagen. Das Meer nimmt das alles gleichmütig hin, so, als wäre nichts gewesen, wie damals im Mai 1945, als ein Schiff hier am Strand von Bookniseck auf Grund lief. Die Luft steht plötzlich still.

HORRORFAHRT Die Harmonie wird durchbrochen, wenn man sich erinnert, dass sich hier ein schreckliches Ereignis in der Nacht vom 4. auf den 5. Mai 1945 abspielte. Man muss zurück in die letzten Tage des Zweiten Weltkriegs. Hier strandete ein Schiff. Es kam aus Ostpreußen. Die Royal Airforce, in der Meinung, dass es sich um Wehrmachtsangehörige handelte, die sich absetzen wollten, bombardierte das Schiff vor Kiel. Es waren aber keine deutschen Soldaten an Bord. Die meisten waren kranke, ausgemergelte Menschen jüdischen Glaubens aus dem KZ Stutthof bei Danzig. Sie wurden von dort bis zur Halbinsel Hela in Ostpreußen getrieben und auf einen Lastkahn geprügelt. Ende April ging die Horrorfahrt los, ohne Nahrung und Wasser, bewacht von der SS und Angehörigen der Wehrmacht. Der Tod der Passagiere war beabsichtigt. Tote wurden über Bord geworfen. Nach der Bombardierung trieb das Schiff manövrierunfähig in die Eckernförder Bucht und strandete schließlich in Bookniseck. Hier sollte das Schiff gesprengt werden. Das wurde aber verhindert, denn an Land gab es Retter. Sie holten die armen Seelen vom zerbombten Schiffswrack. Es wurden ein Wagen und ein Holzkohletrecker besorgt, der die entkräfteten und verletzten Menschen nach Kappeln ins Krankenhaus brachte. Dort verweigerte man die Versorgung. Das Krankenhaus Eckernförde sei zuständig. So ging es von Kappeln nach Eckernförde, wo sie endlich Aufnahme fanden und ärztlich versorgt wurden. Hier verstarben weitere 16 Menschen. Auf dem Parkfriedhof am Mühlenberg von Eckernförde erinnert heute ein Felsgedenkstein. Eingemeißelt sind 22 Namen. Weitere Tote sind namentlich nicht bekannt. Ursprünglich waren etwa 750 Menschen an Bord, 16 überlebten. Erinnerungen lassen sich nicht in den Sand schreiben. Damit sie erhalten bleiben, muss der Mensch darüber sprechen, schreiben oder Mahnmale setzen. Sie zu vergessen wäre eine Sünde. In Bookniseck erinnert nichts an diese Katastrophe.

Das besondere Erlebnis

Folgt man dem Weg weiter in südlicher Richtung, kommt man in wunderschöne, naturbelassene Landschaft. Hier erhebt sich die Steilküste von Booknis mit herrlichen Ausblicken auf die Ostsee und die dahinterliegenden Felder. Wanderer können kilometerweit die Küste entlanglaufen.

Am Parkfriedhof von Eckernförde erinnert ein Fels an die Katastrophe.

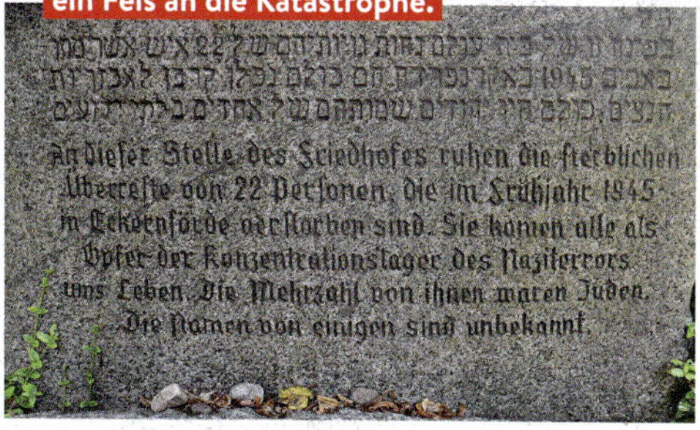

23

AUF DER BÜLKER HUK

Das große Lauschen in den Osten

Beim Spaziergang an der Kieler Außenförde rechnet man nicht damit, an einem Lost Place vorbeizukommen. Wer nicht nur den Blick für die Ostsee hat, wird ein eingezäuntes, verwildertes Gelände auf einer Anhöhe an der Spitze der Landzunge entdecken.

Bülker Huk, Kreis Rendsburg-Eckernförde **Ort** Bülker Weg, 24229 Strande **GPS** 54.4556969, 10.1987726 **Anfahrt** Über Kiel den Hinweisen Olympia-Schilksee folgen, weiter bis Strande, dann den Wegweisern zum Bülker Leuchtturm folgen

Aussichtsplattform zur Kieler Außenförde

Eingang zur Unterkunft der hier ehemals Beschäftigten

SALZIGE LUFT DER OSTSEE Die Bülker Huk ist eine weit in die Ostsee reichende Landzunge. Sie trennt die Kieler Außenförde von der Eckernförder Bucht. Huk ist eine geografische Bezeichnung für eine Landzunge oder Nase im Verlauf einer Küste, also in diesem Fall der äußerste Punkt der westlichsten Küstenspitze der Kieler Bucht. Nach dem Krieg vermied man einen Besuch der Bülker Huk an der Kieler Außenförde. Spaziergänge an der schönen Steilküste wurden einem durch unangenehme Gerüche, um nicht zu sagen, Gestank, vermiest. Hier endeten die Abflussrohre der Kieler Kanalisation. Riesige Möwenschwärme fanden hier einen reich gedeckten Tisch. Diese Zeiten sind nun vorbei. Heute riecht es nach Ostseeluft. Kurz vor dem Leuchtturm suche man sich einen Parkplatz, das letzte Stück muss man zu Fuß zurücklegen.

HORCHPOSTEN Auf der Bülker Huk soll einmal ein Horchposten der Bundeswehr gestanden haben, der wohl im Verbund mit der NATO den potenziellen Feind im Osten abhören sollte. Zur Zeit des Kalten Krieges wurden an der Nahtstelle zwischen Nato und Warschauer Pakt Abhöranlagen installiert, um Funk- und Telefongespräche abzuhören. Nach 1989 musste nicht mehr gehorcht werden. Es wurde sinnlos. Zurück blieb ein Stück Nachkriegsbebauung. In Anbetracht der jetzigen politischen Lage könnte es aber durchaus Sinn machen, diesen Horchposten wiederzubeleben. Vom Zaun aus sieht man auf ein mit Buschwerk, Dornen, Brennnesseln und Stacheldraht eingefasstes Gebiet. Das möchte man sich doch mal näher ansehen. Gut, ansehen schon, aber bitte nicht dem Impuls folgen, das Gelände zu betreten. Man erkennt Löcher und Spalten. Vorsicht! Zu groß sind die Gefahren, sich zu verletzen. Und bei aller Gefahr für die eigene Gesundheit, es ist auch ganz einfach verboten, man beginge Hausfriedensbruch. Es macht auch keinen weiteren Sinn, auf das Gelände zu gehen. Man kann vom Zaun aus genug sehen. Zu erkennen sind flache, rot geklinkerte Zweckbauten. Die Fenster sind verschlossen und noch nicht eingetreten, sogar müde her-

Hier war einmal ein Eingang.

Die Plattform, von der man auf die Kieler Förde blicken kann

abhängende Gardinen sind zu erkennen. Die Metalltüren der Häuser sind weit aufgerissen und haben schon bessere Tage gesehen. Ein angerosteter Metallmast hinter den Häusern ragt in die Höhe. Noch hält er sich wacker. Aber wie lange noch? Der Bunker auf dem Gelände ist neben dem Metallmast die höchste Erhebung. Der Efeu kriecht seitlich auf das Gebäude, als wollte er sagen, nun macht mal endlich Platz. Die Gemeinde Strande verfügt heute über das Areal. Was macht sie nun damit? Bis heute sind nur die Kasernen abgebaut. Seit Jahren wird überlegt, wie dieses wunderschön gelegene Stück sinnvoll genutzt werden kann. Eine Bebauung würde zu einer stärkeren Touristenbewegung führen, was wohl unweigerlich zu zusätzlichen Verkehrsstaus führt. Und so plant und überlegt man, konnte sich bisher

↑ Noch steht der Zaun!

↗ Blick vom Wanderweg auf das ehemalige Militärgelände

aber noch nicht auf ein Projekt einigen. Und deshalb ist noch nichts passiert. Auch außerhalb der Anlage kann man die Segelboote und Fähren nach Klaipeda oder Göteborg beobachten. Containerschiffe laufen in die Kieler Förde ein und aus. Dampfer des Kieler Verkehrsverbundes queren die Förde. Auf der anderen Seite ist Laboe mit dem Marine-Ehrenmal zu sehen.

BETRETEN VERBOTEN Geht man um die Huk herum, wird der Neugierige wieder in Versuchung geführt, denn auf halber Höhe lädt eine offene, morbide, niedergedrückte Tür ein, doch mal reinzuschauen. Heruntergetretenes Buschwerk lässt erkennen, dass hier schon einige nicht eingeladene Gäste sich ihren Weg gebahnt haben. Schwalben schwirren über das Areal. Sie scheinen sich auf diesem Gelände eingerichtet zu haben. Kein Wunder, denn sie werden hier nur selten gestört.

Das besondere Erlebnis

Einfacher ist es, sich das Gelände von oben anzuschauen. Dazu braucht man nur auf den daneben stehenden grünweißen Leuchtturm mit seiner 22 Meter hohen Aussichtsplattform zu steigen. Dort hat man nicht nur einen guten Blick auf den direkt darunter liegenden ehemaligen Horchposten, sondern kann, bei guter Sicht, bis zu den dänischen Inseln schauen und die mächtigen Kronen des Waldes an der Steilküste bewundern. Außer montags ist der Leuchtturm ganzjährig geöffnet.

Und plötzlich steht man vor den Resten einer großen Betonhalle.

24

DER RUINENWALD IN DEN BESENHORSTER SANDBERGEN

Alte explosive Pulverfabrik

In reizvoller Umgebung nahe des Elbufers entstand vor circa 150 Jahren eine Fabrik, die den Menschen nur Unheil brachte.

Besendorfer Sandberge, Kreis Herzogtum Lauenburg
Ort Am Schleusenkanal 46, 21502 Geesthacht, **GPS** 53.4362189, 10.3215577
Anfahrt Von Geesthacht an der Elbe entlang Richtung Hamburg

DIE FELSEN-FETTHENNE Auf der Grenze von Schleswig-Holstein zu Hamburg bei Geesthacht liegen die Besenhorster Sandberge. Sie grenzen an die Elbwiesen, ein Naturschutzgebiet der besonderen Art, ein FFH-Gebiet. Das sind spezielle europäische Gebiete, die nach den Fauna-Flora-Habitat-Richtlinien ausgewiesen sind. Die FFH-Verordnung ist von der Europäischen Union beschlossen worden. Ein Hinweisschild erklärt, dass abfließende Schmelzwasser der letzten Eiszeit im Elbe-Urstromtal Sedimente ablagerten, an manchen Stellen bis zu 20 Meter dick. Hier siedelten sich Kiefern, Birken und Eichen an. Auf den Elbsandwiesen leben die Feldlerche, die Heidelerche, der Wiesenpieper und der Schwarzspecht. Ihr Lebensraum wird aber immer wieder durch menschliches Fehlverhalten wie freilaufende Hunde, Lenkdrachen oder Modellflugzeuge gefährdet. Dabei versteht es sich doch von selbst, dass man auf den ausgewiesenen Wegen bleibt.

Graffitikünstler sind hier ungestört.

Die Bepflanzung auf dem Dach diente einmal der Tarnung.

DISCO GIRLS
IST DIE
ZIEGE!

Die Reste der noch vorhandenen Hallen beeindrucken durch ihre Größe.

Im Hochsommer prägen Grasnelken, Felsen-Fetthenne und Mauerpfeffer auf dem Sandtrockenrasen das Bild. Pflanzen wie das Schillergras, der Wiesengelbstern, die Taubenskabiose und die Sumpf-Brenndolde sind in Schleswig-Holstein nur hier zu finden. Eine Zauneidechse lümmelt sich in der Sonne. Es geht ihr gut. Der Ameisenlöwe, ein etwa 1,5 Zentimeter langer Netzflügler bräunlicher Färbung, lauert in seinem selbst gebauten Sandtrichter auf abrutschende Insekten, die er dann mit seinen Zangen ergreift und vertilgt. An den Elbdeichen lagern Schafe und hecheln sich die Wärme aus ihrem Körper. Aber das ist nicht alles, was man hier findet.

Beachtliche Graffitikunst ist hier zu entdecken.

ES HAT HIER MAL GEKNALLT Die Besenhorster Sandberge gehörten einmal dem Reichskanzler Bismarck. Der verpachtete das Gebiet an den Pulverfabrikanten Max von Duttenhofer. Er richtete hier eine Fabrik ein, die Treibladungen für Gewehre und Kanonen herstellte. Das Gelände wurde »Düneberg« genannt. Gleich in der Nähe gründete Alfred Nobel 1865 bei Geesthacht die Sprengstofffabrik Krümmel. Hier fügte er einige Chemikalien zusammen und stellte daraus das erste Dynamit her. Eine im wahrsten Sinne explosive Erfindung, die in der ganzen Welt schnell erfolgreich war. Zügig ging es in die Produktion. Nach der Gründung der Pulverfabrik Düneberg im Jahr 1876 arbeiteten die Firmen eng zusammen. Gelieferte Pulverrohmasse von Krümmel wurde hier verarbeitet und auf ihre Brauchbarkeit überprüft. Bis zum Ende des Zweiten Weltkriegs wurde das Areal erheblich erweitert. Die Lage zur Elbe und die Bahnverbindung nach Hamburg waren ideale Transportwege für die todbringende Ware. Etwa 8000 Zwangsarbeiter und Kriegsgefangene lebten hier in Lagern um das Gelände. Im April 1945 beendete ein schwerer Luftangriff der Alliierten die Sprengstoffproduktion. Die Ruinen sind bis heute geblieben.

VERSTECKTE MUNITIONSFABRIK MITTEN IM WALD Um dort hinzukommen, fährt man am besten mit dem Auto von Hamburg aus in Richtung Geesthacht. Kurz vor dem Ortseingang sucht man sich dort einen Parkplatz auf Höhe des DEUTAG Nord-Mischwerks am Schleusenkanal 46, dann vorbei auf einem Wanderweg in Richtung Besenhorster Sandberge. Die schöne

Im gesamten Areal lassen sich Überreste der Fabrik entdecken.

Natur, die einen umgibt, lässt einen zweifeln, ob man auf dem richtigen Weg ist. Aber nach weiteren 300 Metern macht der Weg eine Biegung nach links und plötzlich steht man zwischen den Resten der Munitionsfabrik. Aus den Baumumwucherungen ragen Betonpfeiler empor. Der Verputz darauf bröckelt stark. Sie tragen eine Decke, die an mehreren Stellen Löcher hat. Es war einmal die Werkstatt der Pulverfabrik. Hier waren Schweißerei, Schmiede und Dreherei. Unter dem Dach hat jemand Feuer gemacht. Reste von Holzkohle auf Alufolie und angekokelte Äste zeugen davon. Auf dem Dach, das ursprünglich zur Tarnung begrünt wurde, haben die Bäume sich über die Zeit ausgebreitet und gewaltige Ausmaße erreicht. Am Ende der Halle hat ein Graffitikünstler einen Tigerkopf gestaltet, der mit seinen vorgehaltenen Tatzen die Krallen ausfährt. Ein Gefühl der Bedrohung will nicht aufkommen, aber die Fantasie läuft sich schon mal warm. Von der großen offenen Seite der Halle sieht man auf ein weiteres, schon ziemlich überwuchertes Gebäude, die ehemalige Tischlerei. Die äußere Verkleidung der Träger ist gemauert und dann grau verputzt. Der Besenhorster Wald wird noch viel zu tun haben, bis diese Reste der Fabrik überwuchert sind.

KREUZE AUS STAHL Eine Abzweigung des Weges führt in einen anderen Teil des Waldes. Zwei mannshohe Säulen aus Beton lassen erahnen, dass hier einmal ein Eingang war und dass hier ein Areal eingeschlossen wurde, das niemand Unbefugtes betreten durfte. Die Pforten sind nicht mehr vorhanden. Am Rand liegt ein zerstörter Laternenpfahl. Die Laternen brannten damals die Nacht hindurch, da in drei Schichten auch nachts gearbeitet wurde. Dahinter kommt

↓ Zerstörter Betonrundbau im Umfeld der Hallenreste

↘ Immer wieder Graffiti!

Überall finden sich interessante Fotomotive von der Verbindung zwischen Verfall und Natur.

man zu einem stark ramponierten Rundbau aus Stahlbeton. Die Stahlstreben ragen heraus wie Kreuze. Ein fast zerstörter Betondeckel auf dem Rundbau ist noch zu erahnen. Könnten hier Experimente mit explosiven Stoffen stattgefunden haben? Es bleibt viel Raum für die eigene Fantasie, weil einem die Ruinen die Möglichkeit bieten, sich vieles selbst zusammenzureimen. Man kann hier seine reale Welt verlassen und in eine eigene, unheimliche und gruselige Welt entfliehen. Eine Buche hat sich auf dem Mauerwerk eingerichtet, als wollte sie sagen: Ich schaff dich, brauch nur noch ein bisschen Zeit. Das Loch im Mauerwerk erinnert an das Bild »Der Schrei« von Munch oder an ein Wesen aus der Unterwelt, dem nun bald die Luft ausgeht. Und plötzlich steht Zauberer Merlin aus der König-Arthus-Sage im langen Gewand und mit seinem weißen Bart vor einem. Er stützt sich mit der einen Hand auf einen Krummstab, an der anderen führt er einen furchterregenden, geflügelten und feuerspeienden Drachen. Wen würde das wundern? Aber bei aller Begeisterung für die Magie des Raumes, auch hier sollte man seinen Realitätssinn nicht ganz vernachlässigen und sehr genau kontrollieren, wo man hintritt. Überall könnten ungesicherte Löcher lauern.

Das besondere Erlebnis

Wer nun noch weiter Lust auf ehemals Explosives hat, sollte ins nahegelegene Geesthacht-Krümmel fahren, wo Alfred Nobel seine Dynamitfabrik hatte. Die Reste der Fabrik sind im Waldgebiet am Helmholtz-Zentrum zu finden.

25

DIE MÜLLVERBRENNUNGS-ANLAGE VON KIEL-HASSEE

Spraydosenmüll

In unmittelbarer Nähe großer Supermarktketten steht in der Landeshauptstadt Kiel ein Lost-Place-Klassiker. Allerdings unsichtbar, vom Wald eingeschlossen und verdeckt, so als wollte er sagen: Eigentlich gibt es mich nicht.

Kiel-Hassee, Stadt Kiel **Ort** 24113 Kiel-Hassee **GPS** 54.301097, 10.089131
Anfahrt B404 auf die B76 Richtung Zentrum, Kiel Hassee, Rendsburger Landstraße bis rechts zum Strucksdiek, nächste Abzweigung Demühlener Straße, dort parken

Ein Blick in die Haupthalle

WOHIN MIT DEM MÜLL? Das fragt sich seit Ewigkeiten die Menschheit und das fragen sich auch die Verantwortlichen der Stadt Kiel. Man musste sich also was einfallen lassen. Deshalb gibt es schon seit 1895 Müllverbrennungsanlagen. Wie funktionieren sie? Sehr grob beschrieben kippt der Müllwagen seinen zusammengekehrten Unrat in den Sammelraum der Anlage. Von dort wird er zum Ofen transportiert. Die Verbrennungshitze erzeugt Energie und zerlegt den Müll in seine Bestandteile. Der Rauch aus der Anlage wird über Schornsteine abgeleitet und ist zum größten Teil Wasserdampf. Der Staub, der bei der Verbrennung entsteht, muss über Filter eingelagert werden. Metalle werden aus der Verbrennungsasche herausgeholt. Dieser Schrott kann bei entsprechender Reinigung wiederverwertet werden. Die Schlacke aus dem Müll kann im Straßenbau eingesetzt werden.

TAUSENDE LEERE SPRAYDOSEN Heute betreibt die Müllverbrennung Kiel eine der emissionsärmsten Waste-to-Energy-Anlagen für thermische Abfallverwertung in Deutschland. Deshalb ist Ende der 1980er-Jahre die alte Anlage stillgelegt worden. Man brauchte sie nicht mehr, war nicht mehr den heutigen Ansprüchen gewachsen. So wurde sie verlassen und ihrem Schicksal überlassen. Heute steht sie, verdeckt von der Natur, in einem kleinen Wäldchen in Kiel-Hassee. Ein schmaler Trampelpfad deutet die Richtung

↓ Teil der ehemaligen Müllverbrennungsanlage
↘ Innenhof der Halle

Unmengen von ausgedienten Spraydosen umringen den Verbrennungskessel.

an, in die man gehen muss, wenn man die Reste der alten Müllverbrennungsanlage sehen will. Festeres Schuhwerk ist anzuraten und lange Hosen auch, denn man weiß nicht so genau, was einen erwartet. Plötzlich ragt ein farbiger hoher Betonklotz aus dem Wald heraus. Das kann nur der richtige Weg sein. Und so steht sie da, eingewachsen zwischen Bäumen und Buschwerk, wie eine alte Inka-Pyramide in Peru, die man entdeckt hat.

Die Reste der Anlage sind zu erforschen. Die Umzäunung ist schon seit langer Zeit heruntergetreten. Die große Halle, vermutlich nahm sie einmal den zusammengefahrenen Müll auf, ist leer. Der Boden im Betongraben davor ist mit abertausenden leeren Spraydosen bedeckt von Sprayern, die damit ihre ehrgeizigen Graffiti gesetzt haben. Es scheint hier einen regelrechten Wettkampf zwischen den Künstlern zu geben. Ein Farbauftrag überlagert den anderen. Auf einem Kessel ist ein glotzendes Monstrum mit Stoßzähnen zu sehen. Hohe Birken stehen in der Anlage. Auch sie müssen mit den Farben der Sprayer leben. Vorsicht! Eiserne Ecken überall, ebenso Eisenverstrebungen, an denen man sich stoßen kann. Eine Eisenleiter führt senkrecht nach oben. Ein breites Rohr ragt nach oben bis über das marode Eternitdach. Ein Förderband endet im Wald. Vielleicht war das einmal die Stelle, an der der Müll angeliefert wurde. Ein Motor steht neben einem flach gelegten riesigen Rohr, einem runden Kessel. War das einmal der Verbrennungsofen?

DENKMALSCHUTZ Warum steht dieses große Monstrum immer noch mitten in der Stadt? Niemand kann einem weismachen, dass es unter Denkmalschutz steht. So ein großes Areal mitten in der Stadt wäre doch für eine Wohnungsbebauung ideal. Anscheinend ist nichts davon vorgesehen. Werden die Reste nicht abgerissen, weil der Boden verseucht ist? Wohnungen und Häuser auf einer ehemaligen Müllverbrennungsanlage zu bauen, könnte riskant werden. Zu teuer? Wer will da hinziehen?

ELDORADO FÜR FOTOGRAFEN Als Besucher sollten Sie daran denken, dieses entstandene Kunstwerk so zu belassen, wie es ist. Wenn man nicht gerade einen künstlerischen Impuls verspürt, sich hier zu verewigen, dann lassen Sie nur Ihre Fußspuren zurück. Die ehrgeizigen Sprayer werden wiederkommen und aus der Anlage etwas Neues schaffen. Ein Grund, mal wieder reinzusehen. Den Fotoapparat nicht vergessen.

Das besondere Erlebnis

Nicht weit davon entfernt steht das Freilichtmuseum Molfsee. Ein Besuch lohnt sich. Es liegt im Ortsteil Rammsee, Gemeinde Molfsee, Hamburger Landstraße 97. Hier wurden auf einer Fläche von 60 Hektar über die Jahre historische Gebäude aus ganz Schleswig-Holstein zusammengetragen. Sie stehen, im Gegensatz zur alten Müllverbrennungsanlage, nun wirklich unter Denkmalschutz. Sie vermitteln einen Blick auf die Zeit des damaligen Lebens. Vor Kurzem ist das »Jahr100Haus« eröffnet worden. Es erzählt Alltagsgeschichten der jüngsten Vergangenheit.

Graffiti nicht nur auf Beton

Die verlassene Rehaklinik

26

DER PARK AM PEVERLINGSEE

Die Geisterklinik von Krummsee

Die einstige Rehaklinik liegt seit Jahren verwaist. Äußerlich noch recht intakt, macht die große Parkanlage zunehmend einen verwahrlosten Eindruck.

Peverlingsee, Kreis Ostholstein **Ort** Am Hängebargshorst, 23628 Krummsee **GPS** 54.1884843, 10.6085611 **Anfahrt** Von Malente kommend Richtung Krummsee, dort in der Rövkampallee links abbiegen in die Straße Am Hängebargshorst. Kurz vor dem Ortsschild Krummsee anhalten

PEVERLINGSEE Kennen Sie den? Wahrscheinlich nicht. Um Sie aus dem Nichtwissen zu entlassen, hier die Auflösung. Es handelt sich um einen winzigen See in der Holsteinischen Schweiz. Die nun wieder besteht aus hügeligem Gelände mit unzähligen großen und kleinen Seen. Entstanden ist das Gebiet in der letzten Eiszeit. Da, wo das Eis erst spät abschmolz, sammelte sich das Wasser und es bildeten sich Seen. Der Name Holsteinische Schweiz entstand Ende des 19. Jahrhunderts, als es für reiche Bürger möglich war, in die Schweiz zu reisen. Die erzählten begeistert von ihren Erlebnissen. So war man bestrebt, auch hier die Regionen interessant zu machen mit dem Zusatz »Schweiz«, wo es doch auch hier Berge gibt. Der Bungsberg ist die höchste Erhebung mit 168 Metern und damit auch höchster Berg von Schleswig-Holstein. Der höchste Berg der Schweiz ist die Dufourspitze mit 4634 Metern. Es fehlen noch 4466 Meter, um mit ihr gleichzuziehen.

EINSTIGER ERHOLUNGSPARK Der Peverlingsee ist umgeben von einem Park, der eingezäunt ist. Der Zugang dorthin ist schwer zu finden. Es gibt zwei Möglichkeiten, in das Gelände zu kommen. Man biegt von der Rövkampallee in die Straße Am Hängebargshorst ab. Vorbei am gesperrten Parkplatz der alten Rehaklinik gibt es linkerhand einen offenen Weg in den Park. Oder man folgt dem Straßenverlauf bis kurz vor dem Ortsschild Krummsee. Dort ist ein eher abweisender Bretterzaun. Keine Klinke fordert einen auf, dort hineinzugehen. Tritt man näher, erkennt man aber, dass sich in dem Bretterzaun eine Tür befindet, die sich öffnen lässt, wenn man eine Sperre auf der anderen Seite des Zaunes hochzieht. Tut man das, ist der Zutritt frei zum Garten Eden, zu Deutsch »Rand der himmlischen Steppe«. Das Neue Testament spricht vom

Hier ist das Einlochen nicht mehr möglich.

Traurige Reste einer Minigolfanlage

»Ort der Seligen« oder auch vom »Garten der Wonne«. Den Ort sollte man aber nur mit langen Hosen und festem Schuhwerk betreten, sonst kann keine Wonne, eher Frust entstehen, denn der Park ist etwas ganz Besonderes. Er ist verwildert. Entsprechend sind die Zustände. Mücken, Zecken und sonstiges Ungeziefer können einem zusetzen, ebenso das Gesträuch mit seinen Brombeerbuschdornen, herabhängenden Ästen, umgefallenen Bäumen und Brennnesseln. Wen das nicht hindert, wird belohnt durch die Einsicht, dass der besondere Reiz eines Parks im Chaotischen liegen kann. Man weiß nicht, was an der nächsten Ecke auf einen lauert. Eine grobe Wegführung, die durch alte Straßenlaternen gekennzeichnet ist, gibt einem die Richtung vor. Verwilderte Bänke laden nicht unbedingt ein, sich zu setzen, denn dazu brauchte es so etwas wie eine Machete, um sich den Platz freizuschlagen. Wildwuchs versperrt den Blick auf den See. Holztreppen führen dorthin. Ein metallener Handlauf sichert den Abstieg. Über eine Holzbrücke, an die sich ein großer Baum anlehnt, führt der Weg weiter in eine Wasserlandschaft, die am See endet. Der freie Weg über eine Wiese endet wieder in einem Waldabschnitt. Irgendwie erscheint der Park aber nicht ganz verlassen zu sein, denn Verwahrlosung etwa durch Graffiti oder zerschlagene Lampen oder sonstiger Vandalismus ist nicht festzustellen. Die Abfalleimer sind leer. Ab und zu ist noch eine steinerne Einfassung des Weges sichtbar.

RELIKTE DER FREIZEITEINRICHTUNGEN

Folgt man dem offenen Weg in den Park, taucht bald ein verlassener Minigolfplatz auf. Die Bahnen sind zum Teil überwuchert. Die Hindernisse ragen wie moderne Plastiken aus ihrem Untergrund heraus. Bei einer Bahn ist das Ziel zum Einlochen zu erken-

Wie lange wird die Brücke noch halten?

Neben dem Wassertretbett in der Anlage befindet sich auch ein Kneippbecken für die Arme.

nen. Wie lange mag es wohl her sein, dass sich hier jemand über sein Spiel gefreut oder geärgert hat? Gleich neben den Sportanlagen steht ein Kneippbad. Es soll gut sein für den Kreislauf und die arterielle Durchblutung. Eine Hinweistafel weist darauf hin, wie man sich beim Armbad zu verhalten hat. Und auf keinen Fall mit kalten Armen und Beinen das Kneipp-Tret- und Armbecken benutzen. Das blau gekachelte Becken ist noch vorhanden, ebenso der chromverkleidete Handlauf. Die Halterung im Becken fordert einen auf, einen Rundgang zu machen. Wenn das hineingewehte Laub nicht wäre, brauchte man nur noch leitungskaltes Wasser einzufüllen und los könnte es gehen mit dem Wassertreten. Auch einen Tennisplatz findet man hier, oder besser, was die Natur von ihm übrig gelassen hat. Der Boden ist aus Kunststoff, aus Tartan. Das besteht aus Polyurethanbindemitteln und Gummi. Diese Aufgabe kann der Platz aber nicht mehr übernehmen, da er nicht mehr zu bespielen ist. Die Natur kämpft sich langsam, aber stetig auf diesen Platz vor und überdeckt den einst roten Boden mit moosigem Grün. Die Grundlinie, die Aufschlagfelder mit der Mittellinie sowie die Seitenlinien sind zum Teil noch zu erkennen. Die Aufhängungsvorrichtungen für das Netz sind nicht mehr da.

OB BORIS BECKER HIER EINMAL GESPIELT HAT? Wohl eher nicht, denn hier schlugen Leute auf, die Erkrankungen hatten, denn dieser Park war einmal einer Rehaklinik angeschlossen. In den 1950er-Jahren wurde sie als Tuberkuloseklinik gebaut und genutzt. Da die Erkrankungen rückläufig waren, brauchte man sie nicht mehr. Daraus wurde nun eine Herz-Kreislauf-Rehaklinik. Die ist 2006 geschlossen worden. Der Betrieb wurde nach Malente-Gremsmühlen verla-

↑ Die Bänke fordern kaum noch zum Ausruhen auf.
↗ Spazierweg innerhalb des Parks

gert. Zeitweise sollen hier Polizeibeamte trainiert haben, wie man sich bei Einsätzen richtig verhält, zum Beispiel bei Amokläufen, oder wie man professionell Leute observiert. Das erklärt vielleicht auch, warum hier kein Vandalismus zu beobachten ist. Vor Jahren gab es Verkaufsverhandlungen, die aber offensichtlich im Sande verlaufen sind.

Das besondere Erlebnis

Da man im Park am Peverlingsee nicht mehr wassertreten kann, empfiehlt sich ein Besuch der Naturkneippanlage im Holmwald an den Spiegelteichen am Ende der Dieckseepromenade von Bad Malente. Dort kann man in frischem Quellwasser kneippen. Das Wasser wird auch »Quelle der gebrochenen Herzen« genannt. Wer daraus trinkt, wird von Liebesleid und Einsamkeit befreit.

Festes Schuhwerk für den Park ist anzuraten.

27

DER GRAFENMORD IM VOSSLOCHER WALD

Sodomie, Mord und Totschlag

Ein hinterhältiger Mord gibt noch nach über 300 Jahren Rätsel auf.

Rantzauer Forst Kreis Pinneberg **Ort** Rantzau 13, Schlossinsel Barmstedt, 25355 Barmstedt **GPS** 53.7851455, 9.7489725 **Anfahrt** Von Hamburg die A23, Abzweig Ellerhoop Barmstedt, in Barmstedt der Ausschilderung zur Schlossinsel folgen, hinter dem Kreisverkehr gleich rechts auf den Parkplatz, von dort zu Fuß zurück zur Pinneberger Landstraße Richtung Stadt, links führt ein Weg in den Wald. Diesem folgen, am Spielplatz vorbei. An der nächsten Weggabelung rechts halten.

Eingang zum Schloss des Reichsgrafen von Rantzau

EINE MERKWÜRDIGE ENTDECKUNG Auf einem Waldspaziergang durch den Vosslocher Wald bei Barmstedt, geprägt von riesigen Buchen, Eichen und Douglasien, vorbei an einem herrlich gelegenen Waldspielplatz, steht man plötzlich vor einem Gedenkstein mit der Aufschrift: »Reichsgraf Christian Detlev von Rantzau 10. 11. 1721«. Der Stein ist umgeben von einer gepflegten Bepflanzung. Wieso steht der hier mitten im Wald? Was hat es damit auf sich? Ist das ein Grab? Wer pflegt diesen Platz nach rund 300 Jahren noch? Keine weiteren Erklärungen auf Hinweistafeln. Merkwürdig! Das Interesse ist geweckt. Wer war dieser Mensch?

Gedenkstein für den Reichsgrafen von Rantzau

STREITHAMMEL Für diese Geschichte muss man sich in Feudalzeiten zurückversetzen, in die Zeit vor der Französischen Revolution. Da lebte ein Reichsgraf namens Christian Detlev von Rantzau. Vereinfacht ausgedrückt, war jemand ein Reichsgraf, der vom Reichsoberhaupt, dem römisch-deutschen Kaiser, den Titel erhalten hat, um ihn als Inhaber einer kaiserlichen Grafschaft hervorzuheben. Der Titel wurde vererbt. Reichsgraf Christian Detlev von Rantzau legte sich mit allen an. So sollte er, vertraglich zugesichert durch seinen Vater, die Tochter des norwegischen Vizekönigs heiraten. Christian Detlev verweigerte aber die Ehe. Daraufhin sollte er eine Vertragsstrafe von 30 000 Reichstalern zahlen, was er nicht tat. Das zog den Groll des dänischen Königs nach sich. Der war damals das Oberhaupt von Dänemark und Norwegen, die in Personalunion verbunden waren. Auch in seiner Grafschaft war der Reichsgraf verhasst, weil er selbstherrlich regierte und seine Untertanen mit hohen Steuern quälte und unterdrückte. Es kam zu Aufständen. Daraufhin heuerte er 60 Vasallen an, die die Unruhen blutig niederschlugen. Als Christian Detlev 1715 nach Berlin reiste, wurde er dort verhaftet und ins Gefängnis gesteckt. Er wurde wegen Sodomie, damals die Bezeichnung für homosexuelles Verhalten, angeklagt, verurteilt und eingekerkert. Fünf Jahre war er in Berlin in Haft, dann kehrte er auf sein Schloss Rantzau zurück, wo sein Bruder Wilhelm Adolf ihn inzwischen vertreten hatte. Da der nicht weichen wollte, wurde er von Christian Detlev gewaltsam vertrieben. Er kehrte nun wieder zu seinem ausschweifenden Leben zurück.

DER MORD Am 10.11.1721 ging er auf Schnepfenjagd. Die Waldschnepfe, ein taubengroßer Vogel, war zur damaligen Zeit weit verbreitet und galt als Delikatesse. Dazu brauchte Christian Detlev seinen Leibjäger, der die Vögel aufscheuchen sollte. Sie ritten vom Herrenhaus in Richtung Wald. Auf dem Weg dorthin wurde er von einer alten Frau freundlich gegrüßt, die ihm dann aber vorhersagte, dass ihm heute etwas Schlimmes passieren würde, wenn er in den Wald ritte.

An dieser Stelle wurde der Reichsgraf aus dem Hinterhalt erschossen.

Der Reichsgraf hörte nicht auf sie. Im Wald stoppte er sein Pferd am Wegesrand und beauftragte seinen Jäger, die Schnepfen in seine Richtung aufzuscheuchen. Kaum hatte sich der Jäger entfernt, wurde aus dem Hinterhalt auf den Grafen geschossen. Er wurde zweimal getroffen und fiel vom Pferd. Die Schüsse sollen aus 50 Metern Entfernung abgefeuert worden sein. Das erscheint recht unwahrscheinlich, da mit den damaligen Vorderladern über diese Entfernung kaum ein gezielter Schuss möglich war. Man spricht von zwei Attentätern im grünen und grauen Rock, die schnell das Weite suchten. Da der Leibjäger dem Grafen die Schnepfen vor die Flinte jagen sollte, bekam er vom Ablauf der Untat nichts mit. Durch die Schüsse war er aber alarmiert und fand Christian Detlev schwer verletzt. Er ritt zurück zum Schloss, um Hilfe zu holen. Nach der Rückkehr zum Tatort konnte man nur noch den Tod des Reichsgrafen feststellen.

VIELE VERDÄCHTIGE, VIELE VERURTEILUNGEN, KEINE BEWEISE Wer könnte ein Interesse am Tod des Grafen gehabt haben? Der Bruder? Unzufriedene aus der Bevölkerung? Zum Todesschützen wurde schließlich der Hauptmann Detlef Prätorius bestimmt, der sich selbst, in Anbetracht der bevorstehenden Folter, für schuldig erklärte. Dieser hatte ein Rachemotiv. Sein Vater war Kirchspielvogt in Elmshorn, was einem Bürgermeister entsprach. Der wurde vom Grafen abgesetzt und schwer misshandelt. Der zweite Mann, der neben Prätorius bei dem Attentat stand, blieb unbekannt, man wusste nur, dass er aus Hamburg kam. Dieser hatte sich am Tag zuvor beim Grafen vorgestellt, um in seine Dienste zu treten, wurde aber abgelehnt. Warum Prätorius diesen Unbekannten nicht beschuldigte, bleibt ein Rätsel. Prätorius wurde hingerichtet, ebenso weitere angebliche Verschwörer. Wilhelm Adolf wurde nun der neue Graf von Rantzau, der eine Belohnung für die Ergreifung der Täter aussetzte. Er wurde aber in einem Verfahren der dänischen Krone wegen Mittäterschaft am Mordkomplott für schuldig befunden. Er wurde verurteilt und lebenslänglich in der norwegischen Festung Akershus bei Oslo eingekerkert. Da die Grafen von Rantzau keine Nachkommen hatten, wurde die Grafschaft noch am Tag der Urteilsverkündung am 9. April 1726 vom dänischen König vereinnahmt. Man könnte auch annehmen, dass er der eigentliche Drahtzieher für diese Untat war, denn er hatte durch die Ermordung des Reichsgrafen nur Vorteile. Aber das sind alles Spekulationen, und so wird der Mord im Vosslocher Wald wohl ewig ungeklärt bleiben. 1927 stellte die Gemeinde einen Gedenkstein in unmittelbarer Nähe des Mordortes auf. Der eigentliche Tatort war schräg gegenüber des Gedenksteins. Hier war ursprünglich eine Eiche zum Gedenken gepflanzt, die aber im Lauf der Jahre faulte und umfiel. Der Stumpf ist noch heute zu sehen, ein Teil des Baumstammes liegt daneben. Und der Wald steht als Zeuge dabei, ist schwarz und schweigt.

Das besondere Erlebnis

Die Rantzauer Schlossinsel in Barmstedt lädt nach diesen Aufregungen ein, das Museum der Grafschaft Rantzau zu besuchen. Wenn man Genaueres über den Rantzauer Grafenmord wissen möchte, trifft man hier auf kompetente Experten, die sich weiterhin intensiv um die Klärung des Mordfalls bemühen.

Gedenkstätte in unmittelbarer Nähe zum Tatort

Blick vom Aschberg auf die Hüttener Berge

28

DER ALTE MANN IN DEN HÜTTENER BERGEN

Wo soll er denn nun hin? Oder soll er gar nicht weg?

Mitten in Schleswig-Holstein steht seit fast 100 Jahren eine überlebensgroße Bronzefigur eines bedeutenden Politikers des 19. Jahrhunderts.

Aschberg, Kreis Rendsburg-Eckernförde **Ort** Aschberg 3, 24358 Ascheffel **GPS** 54.4174395, 9.6900202 **Anfahrt** Von Hamburg Autobahn A7 Ausfahrt Owschlag in Richtung Eckernförde. L265 bis Ascheffel, dann der Ausschilderung zum Aschberg folgen

KNICKLANDSCHAFT Heute geht es in die Hüttener Berge, einem der schönsten Landesteile in Schleswig-Holstein und dort auf den Aschberg. Die Hüttener Berge sind während der letzten Eiszeit entstanden. Da das Eis im Lauf der Jahre durch Temperaturschwankungen Vor- und Rückwärtsbewegungen machte, wurde der Untergrund gestaucht. Dadurch entstanden Erhebungen wie der Aschberg. Ein Aussichtsturm fordert den Besucher auf, emporzusteigen. Menschen mit Höhenangst können dies ruhig auch tun, denn die Treppen sind breit und zu allen Seiten abgesichert. Auf Zwischenetagen sind jeweils Informationstafeln aufgestellt, die einem die Landschaft und die Kultur näherbringen. Außerdem kann man bei der Gelegenheit wieder zu Atem kommen. Auf einer Tafel wird einem etwas über die Statue Otto von Bismarcks erklärt. Wo soll die sein? Auf den ersten Blick ist nichts zu sehen. Oben wird man mit einem wunderbaren Blick auf die Knicklandschaft belohnt. Bei der Flurbereinigung hatte man in weiten Teilen Schleswig-Holsteins die Sünde begangen, viele Knicks abzutragen, um mehr landwirtschaftliche Fläche zu haben. Hier blieben sie erhalten. Für den Unwissenden: Ein Knick ist zur Abgrenzung landwirtschaftlicher Flächen gedacht. Es ist ein Erdwall, der mit verschiedensten Gehölzen bewachsen ist, ein Lebensraum für viele Pflanzen und Tiere. Außerdem ist er ein Schutz gegen Erosion. Bei gutem Wetter reicht die Sicht bis zur Ostsee, zur Schlei, zum Wittensee, sogar bis nach Kiel. Schaut man genau hin, taucht seitlich zwischen den Bäumen und dem Buschwerk eine Pickelhaube auf. Sollte das etwa die erwähnte Bismarckstatue sein? Das muss gleich näher untersucht werden.

WAS MACHT DIE PICKELHAUBE IM GEBÜSCH? Nach dem Abstieg vom Turm geht es zur weiteren Erforschung seitab weiter. Ein

Unvermittelt taucht hinter der Wegbiegung das monumentale Denkmal von Bismarck auf.

schmaler Weg führt durch Buschwerk und urplötzlich steht man vor einer riesengroßen Bronzefigur, die wie aus dem Nichts auftaucht. Dort steht sie eingefasst in Felssteinen. Man hat das Gefühl, dass sie gleich nach vorne überkippt und einen erschlägt. Von hinten wird der Denkmalsockel mit dicken Drahtstangen gehalten. Der Reichskanzler ist auf der Rückseite ein wenig platt gedrückt. Doch zum Glück kann er sich auf sein riesiges Schwert stützen. Dabei blickt er über das Land. Der Aschberg mit einer Höhe von 98,4 Metern über Normalnull trägt hier oben deutsche Geschichte mit sich. Die Statue ist etwa 7 Meter hoch. Sie hat schon eine längere Reise hinter sich, denn sie war ursprünglich 1901 auf dem Knivsberg bei Apenrade aufgestellt, der zu der Zeit zu Schleswig-Holstein gehörte. Als nach dem Ersten Weltkrieg durch den Versailler Friedensvertrag die deutsch-dänische Grenzfrage gestellt wurde, baute man 1920 dort den Bismarck schon mal ab, ahnend, dass die Einwohner sich für Dänemark entscheiden würden. Der Knivsberg kam 1922 zu Dänemark und Bismarck verschwand in Richtung Rendsburg. Dort wurde ihm der Kopf abgetrennt, da er nicht in die Halle passte, in der er zwischengelagert werden sollte. Zehn Jahre später erinnerte man sich an das Denkmal und wollte es wieder aufstellen. Inzwischen war aber sein Kopf rot angelaufen. Vor Wut? Wohl eher nicht. Mit Heringslake wurde der Kopf gewaschen, sodass die Patina wieder zum Vorschein kam. Nach vielen Streitigkeiten kam er schließlich auf den Aschberg, in den ersten Jahren weithin sichtbar, inzwischen durch die Natur gut versteckt. Heute stellt sich die

Frontal zeigt sich der Reichskanzler in seiner ganzen Pracht.

Typische norddeutsche Knicklandschaft

Frage, ob man einen solchen Menschen durch ein Denkmal noch ehren soll.

VERBLASSENDER MYTHOS Lasst ihn doch stehen, sagen die einen, gehört er doch zur deutschen Geschichte. Weg damit, sagen die anderen. Ein aus der damaligen Zeit entstandenes, vermeintlich ehrenwertes Tun kann schon bald zu einer völlig anderen Sichtweise führen. Die Zeiten ändern sich schnell und plötzlich ist etwas schwarz, was gestern noch weiß war. Also abreißen und vergessen? Bismarcks Spruch: »Nicht durch Reden werden die großen Fragen der Zeit entschieden, sondern durch Blut und Eisen«, ist weltweit politisch immer noch handelsüblich, aber eben doch gestrige Sichtweise. Der Mythos verblasst, den er einmal gehabt hat. Die Hamburger wollen ja ihrem Bismarckmonstrum ein Laserschwert in die Hand drücken, ihn aufpeppen. Das könnte man hier auch machen. Würde ein bisschen Popkultur auf den Aschberg bringen. »Otto, the shining light!« – Otto, die Lichtgestalt?

Das besondere Erlebnis

»Wäre Hering so selten wie Kaviar oder Hummer, würde er als Delikatesse betrachtet«, soll Bismarck einmal gesagt haben. Wer das nachempfinden möchte, fährt an die Ostsee und kauft sich an einer Fischbude ein Bismarckbrötchen, ein sauer eingelegter Hering im Brötchen. Bleibt nur zu hoffen, dass die nachfolgende Generation noch weiß, wer Bismarck wirklich war. Bildungsfernere könnten sonst auf die Idee kommen, er sei ein Ostseefischer gewesen. Und dann wäre er wirklich im »Lost & Dark« angekommen.

29

DAS HOTEL AM ENDE DER STRASSE

Der Zauber der Vergänglichkeit

Nach einem Brand vor einigen Jahren steht das Nordsee-Hotel leer. Das obere Stockwerk ist ausgebrannt. Das Gefühl von Lust auf die Ruinen macht sich bemerkbar. Also was ist hier los? Was war hier los? Brandstiftung? Keine Brandstiftung?

Husum, Kreis Nordfriesland **Ort** 225813 Dockkoogstraße, Husum **GPS** 54.4779448, 9.0099153 **Anfahrt** Von Hamburg über die A23 bis Husum, in Husum hinter der Brücke am Binnenhafen links in die Dockkoogstraße bis zum Parkplatz Dockkoog

Die Hotelruine hinter dem Deich am Dockkoog

Ehemaliger Eingang zum Hotel

HOTEL OHNE GÄSTE Wer zur Badestelle am Dockkoog möchte, kann nicht mit einem Strand wie in St. Peter-Ording oder auf Sylt rechnen. Zwar ist man an der Nordsee, aber Sandstrand kann man hier nicht finden. Die Strandkörbe stehen auf Wiesen, ins Wasser führen Holztreppen, die bei Ebbe ins Watt führen. Auf dem Weg dorthin steht ein einsames Gebäude. Früher war es ein Hotel, heute ist es um seinen eigentlichen Zweck gebracht. Erst auf den zweiten Blick bemerkt man, dass es sich um eine Brandruine handelt. Der Eingang vom Deich hat eine Treppe, die mit Gras überwuchert ist. Die Tür ist mit einer Pressspanplatte halbwegs geschlossen, die Scheiben sind eingeschlagen. Über der Tür steht in blauen Buchstaben: Hotel Restaurant Café. Verheißungen, die nicht mehr erfüllt werden. Der Zauber der Vergänglichkeit entwickelt sich. Nichts ist mehr so, wie es einmal war. Was wird daraus? Wird es abgerissen? Wieder neu aufgebaut? Renoviert? Welche Funktion ist vorgesehen? Auf jeden Fall muss etwas passieren, und wenn es eine halbe Ewigkeit dauert. Und so kann man den Verfall begleiten, wiederkommen, sehen, was sich getan hat. Dokumentieren. Um eine solche Ruine ist natürlich ein Zaun gezogen. Wer dumm ist, überwindet das Hindernis, wer klug ist, bleibt draußen. Das, was man von dort sehen kann, ist spannend genug. Das obere Stockwerk zeigt die Zerstörung durch das Feuer. Glaslose Fenster lassen erahnen, was sich hier abgespielt hat. Sie wirken wie eingerahmte Bilder von verkohlten Balken und Stahlträgern. Wenn man so will, entsteht eine eigene Schönheit. Buchstaben sind von der Wand gefallen und man hat das Gefühl, dass sie sich auf dem Boden zu neuen Worten zusammenfinden wollen.

DAS DREI-STERNE-HOTEL Wer vor ein paar Jahren in Husum nach einem Hotel in ansprechender Lage suchte, kam am Nordseehotel am Dockkoog kaum vorbei. Direkt am Wasser gelegen, mit einem fantastischen Blick und einer offiziellen bewachten Bade-

Husumer Hafen
bei Ebbe

stelle in unmittelbarer Nähe. Das Hotel warb mit Swimmingpool und Sauna und hübsch eingerichteten Zimmern. Die Wirklichkeit sah wohl etwas anders aus. Damalige Gästebewertungen waren vernichtend. Ein Beispiel von einem Michael vom Oktober 2014: »Wenn man ins Haus kommt, ist alles sehr alt und es müsste dringend renoviert werden. Man steht in einem Flur und muss in die 2. Etage zur Rezeption. Die Blocksteinfenster im Treppenhaus sind total verschmutzt. Der Pool ist ein kleiner, rechteckiger Wasserkasten. Lieblos und ohne Sichtschutz von außen voll einsehbar. Die Scheiben verschmutzt. Zum Treppenhaus hin kann man einen unschönen alten Vorhang zuziehen. Am Check-In wusste man von meiner Anreise nichts. Das Zimmer war kompakt mit Eiche rustikal ausgestattet. Ein kleiner Flat Screen mit schlechter Bildqualität. Der Teppich sehr verdreckt mit Flecken. Morgens war das Fenster komplett nass mit Schwitzwasser von innen. Das Badezimmer war ein kleiner Schlauch mit ca. 30 Jahren Renovierungsstau, wie wohl das ganze Hotel. Die Dusche mit schwarzen Schimmelflecken an der Versiegelung und mit einem alten Duschvorhang, der beim Duschen permanent am Körper klebte. Die Speiseauswahl zum Frühstück lieblos und von einfachster Qualität. Das Ganze für 99 € die Nacht.« Und Martin schreibt im Mai 2015: »Da hilft nur noch die Raupe.«

FEUER IM HOTEL Am 15. Januar 2018 steht in der Nacht der Dachstuhl des Hotels in hellen Flammen. Die Löscharbeiten erweisen sich als schwierig, es herrschen Minustemperaturen und ein eiskalter Wind. Das Löschwasser um das Hotel herum gefriert, das Wasser muss mit Schlauchleitungen aus dem 2 Kilometer entfernten Hafen gepumpt werden. Der Dachstuhl und das 4. Stockwerk brennen vollständig aus. Personen befinden sich nicht im Gebäude. Die Kriminalpolizei nimmt die Ermittlungen auf, der Verdacht der Brandstiftung liegt nahe. Nach einem Jahr werden die Ermittlungen ohne Ergebnis eingestellt. Nun betreibt die Versicherung eigene Untersuchungen, aber auch sie können den Verdacht nicht untermauern. Im April 2020 erklärt der Anwalt des Hotelbesitzers, man habe sich mit der Versicherung geeinigt und der Abriss stünde unmittelbar bevor. Seit dieser Zeit steht das Hotel als Ruine da und wann nun wirklich etwas geschehen soll, kann niemand sicher sagen.

Das besondere Erlebnis

Vor der Hotelruine brandet nach wie vor die See. Bei Ebbe sollte man sich auf das Abenteuer einer Wattwanderung einlassen. Erst wenn man den schwarzen Schlick durchwandert hat, und der Matsch beim Gehen durch die Zehen gedrückt wird, erahnt man die Urkraft dieses Elements. Auf jeden Fall sollte man nicht allein losziehen. Das wäre lebensgefährlich. Wattwanderungen von kompetenten Wattführern werden überall an der Westküste angeboten.

Zerstörtes Obergeschoss des Hotels

Das Feuer hat ganze Arbeit geleistet

Hotel

Überreste der ehemaligen Waldgaststätte

30

AUF GIESLERS HÖH

Das ehemalige Restaurant am Großen Eutiner See

Nicht nur für Ausflügler aus der näheren Umgebung war die Waldgaststätte hoch über dem See einst Anziehungspunkt. Heute ist sie verfallen, die Überreste kämpfen vergeblich gegen die Kräfte der Natur.

Gieslers Höh, Kreis Ostholstein **Ort** Sibbersdorf, Großer Eutiner See, 23701 Eutin-Fissau **GPS** 54.1476953, 10.6465992 **Anreise** Durch Eutin-Fissau dem Sandfeldweg folgen, kurz vor der Abzweigung »Am See« parken

BERGSTEIGERQUALITÄTEN WERDEN NICHT GEBRAUCHT In der Holsteinischen Schweiz bei Eutin-Fissau gab es mal ein Restaurant, ein Café, von dem man auf den Großen Eutiner See blicken konnte. Es war ein beliebtes Ausflugsziel. Eröffnet wurde es im Jahr 1905. Touristen konnten eine Ausflugstour mit dem Boot dorthin machen. Auf alten Ansichtskarten sieht man die kleine Gaststätte mit einer wunderschön gelegenen Aussichtsterrasse mit Holztischen und Stühlen. Ein einmaliger Blick über die Weiten des Sees zeigt die Schönheit der Landschaft auf. Ein kleiner Gehweg führte direkt vom Anleger hinauf zur Gaststätte. Das Lokal brannte 1928 ab. Es entstand Totalschaden. Eine Zeitung berichtete damals, dass das Restaurant »Seeschaar« von einem Schadenfeuer in Schutt und Asche gelegt wurde. Da das Gebäude zum größten Teil aus Holz bestand, war die völlige Vernichtung das Werk kürzester Zeit. Die Bewohner vermochten nur ihr nacktes Leben zu retten. Das Lokal wurde damals schnell wieder aufgebaut und noch im Jahr des Unglücks neu eröffnet und bis in die 1950er-Jahre betrieben, bevor es dann verlassen wurde. Die Gründe sind unbekannt, die Reste gilt es zu entdecken. Die bergige Erhebung, auf der das Lokal einmal stand, heißt »Gieslers Höh«. Man sagt, dass

Der Treppenaufgang zum Dach der Ruine sollte lieber nicht betreten werden.

Man muss aufmerksam sein, um die Ruine zu entdecken.

Heute überdeckt der Wald nahezu das gesamte Areal des ehemaligen Ausfluglokals.

alles, was in Schleswig-Holstein eine Höhe von 50 Metern übersteigt, als »alpin« bezeichnet wird. Die Erwartung, bergsteigerisch gefordert zu werden, wird enttäuscht. Der schmale Weg zum Aufstieg zur »Höh« ist als Reitweg gekennzeichnet. Vom Sandfeldweg bis Gieslers Höh sind es gerade mal 400 Meter. Der Anstieg ist zumutbar.

VON AUSSICHT KEINE SPUR Und dann guckt plötzlich rechts aus dem Urwald ein buntes Element heraus, Graffiti auf einer Wand. Das muss es sein. Ja, das ist es. Die Vandalen waren, wie meistens, schon da und haben die Ruine auf ihre Art umgestaltet. Ein Feingeist hat »RESPEKTIERT DAS Gebäude!!« auf die Wand gesprayt. Er weiß wohl nicht, dass er sich dadurch ebenso respektlos verhalten hat wie die anderen. Von der ehemaligen Aussichtsterrasse ist nichts geblieben. Schwer vorstellbar, dass es von hier einmal einen freien Blick auf den See gegeben hat. Der See ist nicht einmal zu erahnen, alles ist restlos zugewachsen. Der löchrige Steinklotz hat auf der rechten Seite eine Betontreppe, die auf das Dach führt. Stabile Betonträger tragen das Dach. Auch von hier hat man keinen Blick auf den Großen Eutiner See. Der Wald hat alles im Griff. Wie ein grünes Monster erwürgt es langsam alle Relikte der Zivilisation, die ihre Spuren in Form von Papptellern, Plastikbesteck, Grillkohle, Plastikresten der Firma Hareico von Schinkenkrakauern, gebrüht und grob, hinterlassen hat. Stühle, Teppiche und sonstiger Unrat sind von irgendwelchen Geistern wohl einmal hier auf das Dach geschleppt worden. Irgendwann wurde dann alles wieder heruntergeworfen. Sogar ein Strandkorb stand wohl einmal hier oben. Nun liegt er zertrümmert hinter der Ruine, überwuchert von Gestrüpp und Baumgeäst. Wer tut sich so was und damit auch anderen an? Vom alten Restaurant ist nichts, aber auch gar

↓ Die einstige Sicht auf den Eutiner See ist heute nicht mehr möglich.

↘ Nichts erinnert mehr an das ehemals beliebte Ausflugslokal.

Vorderansicht der Ruine von Gieslers Höh

Vandalismus rund um die Ruine

nichts übrig geblieben. Trotzdem umweht so einen Ort eine besondere Aura. Er hat etwas von der Erhabenheit einer mittelalterlichen Burg, die längst verlassen ist, durch die jetzt ein melancholischer Windhauch der Geschichte weht. Längst vergessen, aber wirklich zu schade, um abgerissen zu werden.

Das besondere Erlebnis

Der besondere Reiz dieses Ausflugslokals bestand darin, dass es mit dem Boot erreichbar war. Auch heute kann man eine Eutiner Seerundfahrt machen, wird aber nicht an Gieslers Höh aussteigen können. Aber an Bord kann man sich mit Kaffee und Kuchen verwöhnen lassen und die schöne Aussicht auf den See genießen.

31

DIE ZUGBRÜCKE AM ALTEN EIDERKANAL

Und Jules Verne fuhr einmal unter ihr durch

Verlassene Orte, ihrer Funktion beraubt, aber stolz und mächtig, zeugen von einst großer Bedeutung.

Kluvensiek, Kreis Rendsburg-Eckernförde **Ort** Sehestedter Straße 24796 Bovenau **GPS** 54.3434022, 9.8310903 **Anfahrt** Von Kiel kommend auf der A210, nach Bovenau abbiegen, dann in die Sehestedter Straße

Klein Königsförde, Kreis Rendsburg-Eckernförde **Ort** Eiderweg, 24796 Krummwisch **GPS** 54.3466909, 9.9026425 **Anfahrt** Von der Sehestedter Straße in die Kieler Straße bis Bredenbek, dort in die Straße Möglin, geradeaus weiter in die Königsfurt, dann in den Eiderweg. Beim ausgewiesenen Parkplatz halten, dann zu Fuß weiter

Die Eisenbrücke von Kluvensiek

Die Schleuse von Kluvensiek

TABAK UND RUM Sie erinnern an holländische Brücken. Wenn man so will, an die hölzerne Brücke von Langlois bei Arles. Aber die liegt ja in Frankreich, immerhin von einem Holländer gemalt, von dem berühmten Vincent. Wenn man mit dem Auto nach Kluvensiek fährt, muss man aufpassen, die Sehenswürdigkeit nicht zu verpassen, denn schnell ist man auf der Sehestedter Straße vorbeigefahren. Kluvensiek besteht fast nur aus einer Schleuse, die schon lange nicht mehr in Betrieb ist, und einer Eisenbrücke. Die Brücke kann man betreten. Sie ist ein beeindruckendes Kunstwerk, geschaffen von der ehemaligen Ahlmann-Eisengussfabrik in Büdelsdorf. Verschnörkelte Eisenträger geben dieser Brücke ihre Besonderheit. Es wäre schade, diesen Ort nicht zu besuchen, denn es gibt viel zu entdecken. Neben dem Parkplatz ist ein informativer offener Pavillon. So erfährt man, dass der Eiderkanal mit seinen Schleusen Ende des ausgehenden 18. Jahrhunderts als Verbindung zwischen Nord- und Ostsee entstanden ist. Er wurde vom Nord-Ostsee-Kanal Ende des 19. Jahrhunderts abge-

Apparatur zum Bedienen der Schleuse

Die Atmosphäre versetzt den Besucher in längst vergangene Zeiten.

löst. Die Handelsschiffe brachten vorwiegend landwirtschaftliche Produkte nach Westen, nach Osten Produkte aus Übersee wie Rum, Tabak, Reis, Tee und Kaffee. Sechs Schleusen hoben oder senkten für die Schiffe den Wasserspiegel des Kanals um jeweils 3 Meter. An den Seiten waren Treidelpfade angelegt. Pferde zogen bei Flaute die Schiffe.

LOHNENDER ABSTECHER Einen anderen Eindruck bekommt man bei der Brücke in Klein Königsförde, die man sich erlaufen muss. Schon der Spaziergang entlang des Eiderkanals gibt einen Eindruck der wunderschönen Landschaft. Man ist allein und fühlt sich wie ein Entdecker auf den Spuren der vergessenen Zeit. Unvermittelt taucht linksseitig die Brücke auf. Man ist verblüfft, damit hatte man so nicht gerechnet. Vor einem tut sich ein Relikt aus der Vergangenheit auf, das in seiner Größe und Ästhetik überwältigt. Diese Brücke unterscheidet sich durch die Holzkonstruktion wesentlich von der in Kluvensiek. Beide wirken auf ihre individuelle Art. Ein Verein kümmert sich um die Wiederherstellung und den Erhalt dieser Anlagen.

ABKÜRZUNG Auch Jules Verne ist mit seinem Bruder und Freunden über diesen Kanal nach Kiel gefahren. Sein Reiseziel war Kopenhagen. Der Weg um die Nordspitze Dänemarks erschien ihm zu lang. So sollte das Reiseziel Kopenhagen eigentlich schon abgesagt werden. Man trug ihm aber an, dann doch den Eiderkanal zu benutzen. So befuhr er ihn. Die Fahrt auf der Eider von Tönning an der Nordsee bis Rendsburg dauerte wegen des mäandrierenden Flusses drei bis vier Tage, die Weiterfahrt bis Kiel-Holtenau noch einmal ungefähr 12 Stunden. Die Schleusen waren Hindernisse. Die Schleusenkammern hatten eine Länge von 35 Metern. Da seine Dampfjacht mit 35 Metern Länge für die Schleusen ein bisschen zu lang war, stand man vor Problemen, wusste sich aber zu helfen. Die Schiffsnase, das Bugspriet, bestehend aus einer Spiere, einem Rundholz, das zum Abstützen des Fockmastes vorgesehen war und weit über den Bug des Schiffes hinausragte, wurde abmontiert. In den Schleusenkammern wurde es knapp, aber Verne konnte seine Reise unbeschadet fortsetzen. Auf der Fahrt durch den Kanal konnte er die Landschaft genießen. »Ein herrliches Land«, stellte er fest.

Das besondere Erlebnis

Die heutigen Schiffe fahren durch den Nord-Ostsee-Kanal. Ein Aussichtspunkt befindet sich in Sehestedt direkt an der Kanalfähre an der nördlichen Seite. Hier befindet sich ein Imbiss, von dem man auf Holzbänken oder aus Strandkörben heraus die Schiffe auf dem Kanal sehr gut beobachten kann.

Die Holzbrücke von Klein-Königsförde über den Eider-Kanal

Eingang zur Mühle

32

DIE SÜDERMÜHLE VON PETERSDORF

Sie kämpft nicht mehr mit dem Wind

Auf der sonnen- und windverwöhnten Ostseeinsel Fehmarn waren einst 17 Windmühlen in Betrieb. Heute gibt es nur noch drei, von denen eine bewohnt ist, eine zum Museum umfunktioniert wurde und eine als Ruine an frühere Zeiten erinnert.

Petersdorf, Fehmarn, Kreis Ostholstein **Ort** Alte Bahnhofstraße, Südermühle, 23769 Petersdorf **GPS** 54.4775996, 11.0707438 **Anfahrt** Von der Fehmarnsundbrücke kommend links abbiegen nach Petersdorf, Alte Bahnhofstraße, am Ortseingang am Supermarkt einen Parkplatz suchen

STÜRMISCHE ECKEN Sie steht als Torso da, um ihren Sinn gebracht. Steht südlich am Ortsrand von Petersdorf. Ein heutiger Don Quijote würde die Mühle gar nicht als einen armlosen Riesen erkennen, der ihn bedrohen könnte, denn die Flügel sind seit Längerem nicht mehr vorhanden, irgendwie davongeflogen. Und so stehen die Reste der Mühle dunkel und trotzig da. Nur rudimentär erkennt man noch, wo das Flügelkreuz, wo die Windrose einmal saß. Der stetige Wind hat wohl dafür gesorgt, dass die Mühlenflügel ihren Geist aufgegeben haben, herabgefallen sind, oder, bevor das passieren konnte, abgebaut wurden. Der steinerne achteckige Unterbau hat eine blau-rot-weiße Tür. Auf dem einmal weiß gestrichenen Mauerwerk steht in schwarzer Schrift: Südermühle 1893. Auf der Verkleidung vom Drehkreuz ist vermerkt, dass 1973 eine Renovierung stattgefunden hat. Hier war mal ein Restaurant eingerichtet. Das hat seit Längerem seine Pforten geschlossen. Hinter dem Zaun sind noch die Leuchten von einer Bierfirma zu sehen. Aus den Fugen der Eingangssteintreppe quillt das Unkraut. Die Verkleidung des Turmes bis zum Drehkreuz hat auf den grauen Dachschindeln moosige Verfärbungen angesetzt. Die Gauben haben nach außen keine Glasfenster mehr. Der ursprünglich weiße Rahmen zerbröselt und gibt den Blick auf morsches, graues Holz frei. Die Tür, durch die das Korn einmal angeliefert wurde, verschließt das Gebäude nur unvollkommen. Das Gelände darf nicht betreten werden, was man verstehen kann, denn leicht könnte etwas herabfallen.

WARUM WINDMÜHLEN? Erste Mühlen entstanden bereits in der Antike. Sinn war

↓ Funktionslos stehen die Reste der Mühle am Ortsrand.
↘ Der Müller guckt hier schon lange nicht mehr aus dem Fenster.

es, durch sie Wind in Energie umzuwandeln, die ein Mensch nicht aufbringen konnte. Dazu bedurfte es großflächiger Segel, die auf die Flügel der Mühle gespannt wurden und in die der Wind hineingreifen konnte. Hierfür mussten die Flügel über einen Drehkranz richtig in den Wind gestellt werden. Sollte der Wind nicht zu stark einfallen, reffte man die Segel. Durch die Rotation des Flügelkreuzes übertrug sich die Energie auf die Flügelwelle. Auf dieser Achse befand sich das Kammrad, eine Art Zahnrad, das den Mahlvorgang vorantrieb. Dadurch wurde die Mühle zu einer Kraftmaschine, die Getreide zu Schrot und Mehl mahlen oder auch küstennahe Gebiete entwässern konnte. Erst die

Der Wind ist hier um seine Aufgabe gebracht.

Industrielle Revolution löste allmählich diese Form der Energiegewinnung ab.

Das besondere Erlebnis

Nicht weit entfernt, in Lemkenhafen, Mühlenweg 45, steht eine Segelwindmühle aus dem Jahr 1787. Sie steht unter Denkmalschutz und ist die älteste erhaltene und funktionstüchtige Windmühle Schleswig-Holsteins. 1961 wurde sie zu einem Museum ausgebaut. Man kann sich dort auf eine Reise in die Geschichte der Mühlenkultur begeben und hat dazu noch einen schönen Blick auf die Insel und die Ostsee.

33

DER FINDLING VON GROSSKÖNIGSFÖRDE

Like a Rolling Stone

Man muss nicht bis Pisa fahren, um einen schiefen Turm zu sehen. Es reicht, sich ins östliche Hügelland von Schleswig-Holstein zu begeben. Dort steht in Gettorf ein schiefer Kirchturm.

Großkönigsförde, Kreis Rendsburg-Eckernförde, **Ort** Königsförder Straße, 24214 Großkönigsförde **GPS** 54.3645665, 9.9122651 **Anfahrt** Von Gettorf kommend Richtung Revensdorf, dort in die Königsförder Straße abbiegen und dem Weg folgen bis zum Teufelsstein auf der rechten Seite

Der Findling aus Schweden beeindruckt durch seine Größe.

↑ Am Teufelsstein sind noch Schleifspuren von der Eiszeit zu sehen.

↗ Der schiefe Turm der Gettorfer Kirche

TEUFELSSTEIN Geht man durch die Fußgängerzone in Gettorf, trifft man in der Kirchstraße auf ein Denkmal von Siegfried Assmann. Verwundert bleibt man stehen und schaut auf einen hässlichen nackten Mann in Teufelsgestalt. Und das in der Nähe der Kirche. Was hat es damit auf sich? Der Teufel steht pferde- und plattfüßig grimmig auf einem Felsen. Mit seiner rechten Hand stützt er sich auf eine Teufelsgabel. Die linke Hand ist geöffnet, fast so, als wollte er gleich den Felsen ergreifen, der neben ihm liegt. Auf dem wird in niederdeutscher Sprache die Sage um den Düvelstein erzählt. Und die geht so: Als in Gettorf eine Kirche gebaut werden sollte, wollte der Teufel das verhindern. Er warf einen gewaltigen Stein von einem Berg aus auf das Bauwerk. Er wollte den Kirchturm treffen. Gott hatte diese schnöde Absicht aber längst erkannt und wehrte das perfide Tun ab, indem er den Stein ablenkte. So streifte er nur die Kirchturmspitze. Die Gettorfer werden seitdem täglich an dieses Ereignis erinnert, denn seit

Der Kopf des Teufels

Der Teufel in der Fußgängerzone in Gettorf
erinnert die Passanten an seine schnöde Tat.

dieser Zeit steht der Kirchturm schief. Der geworfene Stein flog dann noch bis Großkönigsförde, Luftlinie Gettorf bis zur heutigen Lagestelle: 5,7 Kilometer. Daran kann man ablesen, welche Kraft das Böse hat. Denn das lauert, wie man ja weiß, immer und überall.

ALTER SCHWEDE Auf dem Weg von Revensdorf in Richtung Großkönigsförde in der Gemeinde Lindau sieht man ihn auf der rechten Seite liegen. Dort hat er sich in einer kleinen Mulde niedergelassen, die mit Gras bewachsen ist, umgeben von angepflanzten Bäumen und Buschwerk. Der Granitstein ist nicht zu übersehen, denn er hat einen Durchmesser von 6 Metern, eine Höhe von fast 4 Metern, eine Breite von über 4 Metern, ein Gewicht von etwa 200 000 Kilogramm und einen Umfang von 18 Metern. Der Riesenfels ist der größte seiner Art in Schleswig-Holstein. Er scheint sich hier wohlzufühlen, obwohl er doch gar nicht hier hingehört, eigentlich nur ein Gast ist. Wissenschaftlich genau müsste man von einem Quarzmonzonit sprechen. Je nach Lichteinfall und Witterungsbedingungen erscheint er rötlichbraun, dann wieder leicht grünlich, an einigen Stellen sogar weiß. Bei Regen schimmert er ein wenig bläulich. Gletscherschrammen sind schwach zu erkennen und klären darüber auf, von wo und wie er hierhergekommen ist. Ein Hinweisschild vor Ort hält es für denkbar, dass der Fels aus Südschweden, Gebiet Småland bei Kalmar, stammt. Er hätte dann eine Strecke von gut 500 Kilometern hinter sich, auf Reise gegangen vor 20 000 Jahren durch die gewaltigen Eismassen der letzten Eiszeit. Vermutetes Alter etwa 1,8 Milliarden Jahre. Wenn man bedenkt, dass die Erde seit 4,5 Milliarden Jahren besteht, so kann man sagen, dass der Stein schon in einem recht gesetzten Alter ist. Aus der Dunkelheit seiner Entstehung strahlt er heute eine Erhabenheit und Gelassenheit aus. Man kommt sich winzig vor, stellt sich demütig daneben und ahnt etwas von der Schöpfungsgeschichte.

Der Stein des Teufels, der sein Ziel nur knapp verfehlte.

Das besondere Erlebnis

Wer sich intensiv über die Eiszeit des Landes informieren will, dem sei das Buch von Kurt-Dietmar Schmidtke »Die Entstehung Schleswig-Holsteins« empfohlen, erschienen im Wachholtz-Verlag, Neumünster. Das Buch erklärt in anschaulicher Weise die Vorgänge der Eiszeit. Viele Fotos und Grafiken illustrieren den interessanten Text.

Der Wald um die Kapelle
von Mönkeberg (Kapitel 1)

Sind es Wolken oder ist es der Geist von Hauke Haien? (Kapitel 9)

REGISTER

Ebenfalls erhältlich ...

ISBN 978-3-7343-1333-2

38 Wanderungen zu sagenhaften Orten und durch zauberhafte Landschaften – zum Wohlfühlen und Auftanken, für Abenteurer und Genießer

ISBN 978-3-7343-1367-7

Mit diesem Wanderführer entspannt durch die blühende Landschaft der Lüneburger Heide wandern. Flache Wege, herrliche Aussichten und pures Glück.

BRUCKMANN

www.bruckmann.de

IMPRESSUM

Verantwortlich: Dr. Johannes Abdullahi, Stefanie Krüger
Lektorat: Franka Virteburch
Korrektorat: Ralf J. Klumb | The Wordworms
Layout: BUCHFLINK Rüdiger Wagner, Nördlingen
Covergestaltung: Rudi Stix
Kartografie: Bruckmann Verlag GmbH, Heidi Schmalfuß
Repro: LUDWIG:media
Herstellung: Alexander Knoll
Printed in Poland by CGS Printing

★★★★★

Sind Sie mit diesem Titel zufrieden? Dann würden wir uns über Ihre Weiterempfehlung freuen.
Erzählen Sie es im Freundeskreis, berichten Sie Ihrem Buchhändler, oder bewerten Sie bei Onlinekauf. Und wenn Sie Kritik, Korrekturen, Aktualisierungen haben, freuen wir uns über Ihre Nachricht an Bruckmann Verlag, Postfach 40 02 09, D-80702 München oder per E-Mail an lektorat@verlagshaus.de.

Unser komplettes Programm finden Sie unter www.bruckmann.de

Alle Angaben dieses Werkes wurden vom Autor sorgfältig recherchiert und auf den neuesten Stand gebracht sowie vom Verlag geprüft. Für die Richtigkeit der Angaben kann jedoch keine Haftung übernommen werden, weshalb die Nutzung auf eigene Gefahr erfolgt. Insbesondere bei GPS-Daten können Abweichungen nicht ausgeschlossen werden. Sollte dieses Werk Links auf Webseiten Dritter enthalten, so machen wir uns die Inhalte nicht zu eigen und übernehmen für die Inhalte keine Haftung.
In diesem Buch wird aus Gründen der besseren Lesbarkeit das generische Maskulinum verwendet. Weibliche und anderweitige Geschlechteridentitäten werden dabei ausdrücklich mitgemeint, soweit es für die Aussage erforderlich ist.

Empfehlung der Redaktion Sie sind auf der Suche nach weiterführender Literatur? Dann empfehlen wir Ihnen den Titel »Mystische Pfade Schleswig-Holstein« von Stefanie Sohr und Volko Lienhardt. Oder Sie werfen einen Blick in die Zeitschrift BERGSTEIGER. Hier werden Sie bestimmt fündig.

Bildnachweis Alle Bilder im Innenteil stammen vom Autor. Die Bilder auf den Seiten 97–99 wurden vom Autor im Nordfrieslandmuseum, Nissenhaus aufgenommen (Ausstellung »Rungholt«)

Umschlagvorderseite: Detailaufnahme vom vom Flandernbunker in Kiel (Kapitel 17)
Umschlagrückseite: Das Geisterhaus vom Dieksee (Kapitel 13)

Die Deutsche Nationalbibliothek verzeichnet diese Publikation in der Deutschen Nationalbibliografie; detaillierte bibliografische Daten sind im Internet über http://dnb.d-nb.de abrufbar.

2. aktualisierte Auflage 2023

ISBN: 978-3-7343-2467-3